KB261272

이 책에 수록된 글들을 읽어보지 않고 결단코 존 하워드 요더를 제대로 이해할 수 없을 것이다. 분명 더 많은 이야기를 하고 싶어했지만, 요더의 핵심 주장이 여기서 소개되고 있기 때문에 이 책은 대단히 중요하다. 실제로 제3장(원래 이 장의 제목은 "종말론 없는 평화?"였다)은 요더가 지금까지 썼던 에세이 중에서 가장 중요한 글이라고 해도 무방하다. 우리는 이렇게 중요한 책을 출판해 준 출판사에 빚을 지고 있다. **스탠리 하우어워스** | 듀크대학교

기독교 평화주의에 대한 요더의 에세이는 메노나이트 교회의 전통이 무엇인지를 잘 보여주고 있으며, 이 책은 아주 흥미로운 방식으로 그 전통들이 무엇인지를 제대로 보여주고 있다. 돈이 전혀 아깝지 않을 것이다.
Journal of Psychology and Christianity

나는 이 책을 보물처럼 간직할 것이다. 올바른 이해를 가진 기독교 평화주의는 더욱 많은 독자와 저술가들로부터 수많은 찬사를 받을 만하며, 이 책 덕분에 더 많은 행동가가 출현할 것이다. **데이빗 J. 하딩** | Reconciliation Quarterly

예수가 전한 하나님나라의 복음은 그 내용에서 혁명과 같았다. 그러나 예수가 가르친 혁명을 위한 길은 강함 대신 약함, 군림 대신 섬김, 앙갚음 대신 용서, 미움 대신 사랑이라는 매우 낯선 방식이었다. 이 방식은 정의, 효율을 내세우며 전쟁과 무력을 주저하지 않고 행사하는 현 세상에 사는 그리스도인들에게도 낯설기 매한가지이다. 그러나 요더는 예수가 걸었던 길이 똑같이 따라야 할 길임을 강조한다. 이 책은 기독교 현실주의가 아닌 성경적 현실주의를 견지하는 아나뱁티스트 신학과 윤리를 알고 싶어하는 한국 신학도들에게 그리고 복음의 혁명적 삶을 지향하는 기독교인들에게 모두 유용한 안내서가 될 것이다.
신원하 | 고신대학 신학대학원 기독교윤리학 교수

이 책은 폭력과 관련하여 이 시대에 가장 진지하고 어려운 문제를, 그것도 깊이 있게 다룬 한 인간의 성찰이라 할 수 있다. 이 성찰은 깊고 폭넓은 연구이면서 다양한 기독교적 관점으로 할 수 있는 가장 진지한 자세로 매우 인상적이다. 이 글을 통해 예수 그리스도의 십자가와 부활로 명백해진 하나님의 권능과 지혜를 더 깊이 경험하기 바란다.
마크 T. 네이션 | 버지니아의 동부 메노나이트 신학대학원 신학부 부교수

이 책은 그의 기독교의 평화주의에 대한 대표적인 책 중 하나다. 요더는 평화신학에 대한 신학적 태도를 선명하게 드러낸다. 무엇보다도 이 책의 특징은 산상수훈에 대한 그의 탁월한 성찰과 함께 예수님의 삶과 사역을 당시의 시대적 배경과 문화를 꿰뚫으며 함께 풀어나가고 있어서 더 설득력이 있고 생동감을 더해 준다는 점에 있다. 이 책은 여러 기독교 평화주의에 대한 책 중에 최고의 책이라고 해도 지나치지 않다.

그러나 본문이 주는 최고의 가치는 전쟁과 폭력 그리고 권력이 중심을 이루는 현 사회 속에서 가장 진지하고 어려운 문제들을 가장 성경적으로 아주 진지하고 깊이 있게 다룬 한 인간의 고뇌와 성찰을 만나게 된다는 것이다.

남귀식 | 은혜와평화교회 목사

기독교 평화주의는 그저 한 시대의 트렌드가 아니다. 기독교 메시지의 핵심이 십자가임을 믿는다면, 세상 속에서 그리스도인들의 삶의 근본이 산상수훈임을 확신한다면, 세상 속에서 교회와 그리스도인의 삶은 평화주의로 귀결될 수밖에 없다. 예수를 믿고 따르는 그의 제자라면, 부활을 믿는 신앙인이라면, 종말과 그분의 심판을 확신한다면, 국가 안에서의 교회와 그리스도인의 삶은 동일할 수밖에 없다. 최근 한국의 개신교가 사회적 지탄을 받고 있는 것은, 개인의 삶에서는 십자가의 사랑을 강조하면서도 세상에서는 힘의 논리를 지향하는 모순된 모습 때문이다.

요더는 기독교의 이러한 모순을 간파하고, 지난 500년 간 세상에서 예수의 삶을 재현하였던 아나뱁티스트 신앙을 토대로 기독교 윤리를 전개하고 있다. 이 책에서 요더는 기독교의 혁명적 삶이 곧 십자가의 삶이며, 그것은 용서와 원수 사랑이라는 산상수훈의 말씀에 기초하고 있음을 거듭 강조하고 있다. 교회 안에서의 제자를 넘어서, 세상 속에서의 제자의 삶을 살아가기를 원하는가? 그렇다면 반드시 이 책을 읽어야 한다.

전남식 | 대전 꿈이있는교회 목사

뻔뻔한 사람이거나…

만일 누군가가
요더를 피해갈 수 있다면,
그는 무심한 사람이다.
뻔뻔한 사람이거나…
대장간 편집부

존 하워드 요더 John Howard Yoder 1927. 12. 29~1997. 12. 30

근원적 혁명

지은이	존 하워드 요더 John H. Yoder
옮긴이	김기현 전남식
초판발행	2011년 10월 18일
펴낸이	배용하
책임편집	박민서
등록	제364-2008-000013호
펴낸곳	도서출판 대장간
	www.daejanggan.org
	대전광역시 동구 삼성동 285-16
	전화 (042) 673-7424 전송 (042) 623-1424
박은곳	경원인쇄
ISBN	978-89-7071-225-3

 값 11,000원

근원적 혁명

기독교 평화주의에 대한 에세이

존 하워드 요더 지음

김기현 전남식 옮김

THE ORIGINAL REVOLUTION

Essays on Christian Pacifism

John Howard Yoder

차 례

추 · 천 · 의 · 글

신 원 하 교수 | 고신대학 신학대학원 기독교윤리학

예수가 전한 하나님나라의 복음은 그 내용에서 혁명과 같았다. 그러나 예수가 가르친 혁명을 위한 길은 강함 대신 약함, 군림 대신 섬김, 앙갚음 대신 용서, 미움 대신 사랑이라는 매우 낯선 방식이었다. 이 방식은 정의, 효율을 내세우며 전쟁과 무력을 주저하지 않고 행사하는 현 세상에서 사는 그리스도인들에게도 낯설기 매한가지이다.

그러나 요더는 예수가 걸었던 길이 똑같이 따라야 할 길임을 강조한다. 이 책은 기독교 현실주의가 아닌 성경적 현실주의를 견지하는 아나뱁티스트 신학과 윤리를 알고 싶어하는 한국 신학도들에게 그리고 복음의 혁명적 삶을 지향하는 기독교인들에게 모두 유용한 안내서가 될 것이다.

추·천·의·글

남 귀 식 목사 | 은혜와평화교회

메노나이트 신학교에서 공부할 때 알렌 크라이더Alan Kreide교수와 대화를 하던 중 요더John Howard Yoder에 대해 이야기할 기회가 있었다. 요더의 책을 읽으며 그리스도인들이 평화의 일꾼Peacemaker이라는 것이 더 분명해 졌다고 이야기를 나누던 중에 교수님이 요더에 대해 "그는 한 세기에 있을까 말까 한 인물"이라고 말씀 하셨다. 한 세기에 한 명 날 만한 인물의 책을 이제야 만나다니…. 말문이 막혔다. 그리고 참 행복했다. 그 분의 책을 이제라도 만났다니 말이다.

한 세기에 나올까 말까 한 신학자이고, 성경학자이며, 기독교 윤리학자일 뿐만 아니라 진정 주님을 따르는 그리스도인이었던 요더의 책들이 최근 들어 우리글로 번역되어 나오기 시작한다. 참 흥분되고 가슴 벅찬 일이다. 그의 책을 처음 접했을 때의 감격은 말로 표현할 수 없다. 성경에 대한 새로운 시각이 생겼고, 그리스도인에 대한 인식이 변했으며 주님을 따르는 삶이 무엇인지 분명해졌다. 성경적 평화에 대한 인식이 마음에 각인되었으며, 교회에 대한 새로운 비전이 생겼다. 교회가 근본적으로 평화의 공동체이어야 하며, 가족공동체이며, 평생 함께 삶을 나누고 주는 삶과 생활의 공동체이어야 한다는 것은 내게 충격이고 도전이었다. 그는 교회가 사회에 빛으로서의 역할을 해야 하고, 사회에 소망이 되어야 한다는 것은 교회에 대한 새로운 방향을 제시했다. 교회가 있다면 그 교회가 속한 사회가 바뀌어야 하고, 교회가 있다면 샬롬의 공동체로 그 사회가 바뀌고, 회복되어야 한다는 그의 주장은 한국 교회를 다시 보는 계기가 되었다. 그리고 그의 책들이 내게 메노나이트 교회의 목회자가 되는데 분명한 안내자이며 길잡이가 되어 갔다. 그런 그의 책들이 이제 한국에 나오기 시작하는 것이다. 그것도 그가 작고한 지 10년이 넘어서이다. 참 오래 기다렸다. 즐겁고 기쁘다.

그동안 한국 교계는 그를 좌파로 인식하여 그의 책을 읽거나 관심을 두는 사람들을 자유주의자나 신앙이 없는 사람들로 여겨져 왔던 안타까운 현실이 있었다. 왜냐하면, 존 하워드 요더가 복음적이긴 하지만 메노나이트 신자이며 에큐메니컬 운동에 적극적으로 관여하고 그 운동을 이끌어 온 자라는 이유 때문이었다. 이것은 한국의 기독교계가 얼마나 편협한 경향성을 띠는지를 극명하게 보여주는 한 예이다. 그러나 한국 교회가 대형화돼 가면서 빚어지는 많은 기독교의 바르지 못한 모습과 이 세상의 빛으로서의 역할을 감당하지 못하는 것을 보며 안타 까와 하는 이들이 많이 생겨났다. 그리고 이들이 이곳저곳에서 모임을 하면서 교회사를 공부하고, 성경으로 다시 돌아가 교회의 본질을 찾던 가운데 발견하게 된 것이 바로 공동체 교회요 제자도 중심의 교회로, 평화교회인 메노나이트 교회를 자연스럽게 만나게 되면서부터 요더의 책을 접하게 된다. 그리고 그를 묶고 있던 좌파 혹은 자유주의 신학자라는 것이 잘못된 것임을 발견하면서 그의 책이 읽히고 번역되어 한국의 기독교에 새로운 반향을 일으키는 것이다.

이 책은 그의 기독교의 평화주의에 대한 대표적인 책 중 하나다. 그가

15년 동안 고민하며 연구하고 강연한 내용 중에 기독교 평화주의에 관련된 논문들을 모아서 출판한 책이다. 이책은 저자의 평화신학에 대한 신학적 태도를 선명하게 알게 하는 책이다. 이 책은 그의 다른 대부분의 책들의 특징처럼 성경에 근거를 두고 자신의 생각을 논리적으로 풀어간다. 무엇보다도 이 책의 특징은 산상수훈에 대한 그의 탁월한 성찰과 함께 예수님의 삶과 사역을 예수님 당시의 시대적 배경과 문화를 꿰뚫으며 함께 풀어나가고 있어서 더 설득력이 있고 생동감을 더해 준다. 본서는 많은 기독교 평화주의에 대한 책 중에 최고의 책이라고 해도 지나치지 않을 것이다. 그러나 본문이 주는 최고의 가치는 전쟁과 폭력 그리고 권력이 중심을 이루는 현 사회 속에서 가장 진지하고 어려운 문제들을 가장 성경적으로 아주 진지하고 깊이 있게 다룬 한 인간의 고뇌와 성찰을 만나게 된다는 것이다.

본서는 여러 가지 면에서 그 중요하다. 먼저 저자는 산상수훈의 내용을 토대로 진정한 그리스도인이라면 평화의 일꾼들이라고 강조한다. 진정한 제자도는 바로 평화에서부터 출발한다. 예수님께서 살아오신 삶은 평화의 길이다. 평화의 길이 바로 근원적인 혁명이었다. 당시의 사회가 함께 공존하는 것에 관심이 없었지만, 주님을 따르도록 부름 받은 자들은 함께 더불어 살아가도록 초청되어 이루어진 의도적 공동체를 이루는 자들이라는 것이다. 삶의 변혁은 바로 예수님을 삶의 중심으로 모시는 곳에서부터 일어난다. 그것이 사회변혁이다. 주님을 따르는 제자들에게 그리스도의 삶과 사역은 사회적 변화의 도구다. 칼이나 권력이 아니었다. 산상수훈에서 가르치는 주님의 말씀은 회개와 제자의 삶을 요구하고 계신다. 그것은 예수님을 만난 사람들이라면 어떻게 살아야 하는가에 대한 설명서이다. 그것은 증거 하는 삶이다. 예수님을 닮아가는 그리스도인들의 삶이 세상을 향한 평화의 증거이며 내용이 되는 것이다. 그래서 그런 증인들이 모여 함께 살아가도록 의도된 공동체인 교회는 그리스도인들이 누구인지 눈으로 보게 되는 증거 공동체이다. 이것은 하나님이 말씀하신 약속의 성취 공동체이며 완전한 사랑을 만들어내는 온전한 삶의 완성이 이루어지는 곳이 바로 교회 공동체이다. 또한, 주님을 따라 살아가는 제자들은 바로 화해를 이루는 자들이다. 그래서 예수님이 진짜 주님이시라면 우리는 그를 따르는 자들이기에 분명히 평화의 일꾼들이다. 평화를 만들며 평화를 이루어 사는 자들이다. 이 책은 진정한 주님의 제자로 살아가기를 갈망하고 그 삶이 무엇인지 찾는 자들에게 대답한다. 단지 개인 구원의 차원을 넘어 이웃과 더불어 살아가는 함께 하는 세상을 만들기 원하는 그리스도인들이라면 이 책이 용기와 힘과 길을 제공해 줄 것이다.

또한, 이 책은 교회의 진정한 모습을 잘 그려주고 있다. 교회가 어떻게 이루어졌으며 어떤 목적과 방향을 가져야 하는지 잘 묘사하고 있다. 교회의 본질과 특징이 잘 그려지고 있다. 특히 한국과 같이 교회가 국가와 함께 긴밀하게 밀착된 구조에 대해 예언자적 성찰을 가르쳐 주는 책이다. 국가와 교회의 관계를 예수님의 가르침과 삶에서 발견하고 교회의 역할을 말해 주고 있다. 교회는 평화의 일꾼들이 함께 모인 곳이기에 평화의 공동체이다. 교회가 국가의 권력과 함께 국가의 전쟁이나 폭력 사용에 동조하고 함께하는 것은 성경이나 예수님의 가르침과 상반된 것이다. 교회는 죽음을 통한 어린양의 승리를 공유하는 공동체이다. 교회의 고난은 자기를 내어주신 하나님의 사랑에 대한 순종의 척도이다. 특히 저자는 산상 설교에서 정치적 공리를 찾으면서 그리스도가 바로 주이심을 강조하고 있다. 그리고 비폭력적 방법으로 제시하는 평화주의를 세우고 있다. 더 나아가 요더는 이러한 평화주의를 에큐메니컬 영역으로 가져온다. 교회가 교회로서의 역할을 하려면 먼저는 국가와 분리되어야 하며 그래야 교회가 세상의 빛의 역할을 하고 세상의 소망이 된다는 것이다. 칼과 권력은 교회가 가지는 도구가 아니라 화해와 평화가 교회의 도구라는 것이다. 남과 북이 대치된 우리의 현실 속에 평화의 도구가 되어야 할 교회의 사명이 더 절실히 요구되는 시기에 아주 적절한 가르침을 주는 책이다. 교회 때문에 고민하는 그리스도인들이라면 그리고 진정한 평화의 공동체로 교회의 본질과 사명을 찾기를 갈망하는 사역자들이라면 이 책이 많은 도움이 될 것이다. 그리고 참다운 공동체를 꿈꾸며 초대교회의 모습을 회복하기를 갈망하는 사람들에게 필요한 책이다.

세 번째로 이 책이 가지는 특징은 평화에 대한 고찰이다. 그리스도를 따르는 주님의 제자로, 진정성을 가진 그리스도인으로 살아가려는 독자에게 이 책을 권한다. 복음은 함께 더불어 이루는 사회에 대한 소식이다. 한 개인의 차원을 뛰어넘어 그가 몸담고 사는 공동체와 사회에 미치는 행복한 소식이 바로 복음이다. 우리는 주님이 오신 것이 복된 소식이라고 성경이 말하는 것을 오랫동안 개인적 차원에서만 해석하고 적용하는 오류를 범했다. 그러나 저자는 그가 속한 공동체 모두가 누리는 더불어 경험하는 소식이 복음이라고 살피고 있다. 다른 말로 표현하면 주님이 창조하시고 다스리시는 이 세상 모두에게 적용되는 것이 복음이라는 것이다. 복음은 더불어 사는 샬롬이며, 샬롬이 복음이다. 화해와 회복이 도구이며 함께 사는 평화의 공동체가 목표다. 이것이 샬롬이다. 샬롬의 최고점이 바로 주님의 십자가 죽음과 부활이다. 그리고 그 주님의 죽음과 부활의 열매가 바로 교회 공동체이다. 그래서 교회는 평화의 공동체이며 평화를 만드는 공동체이다. 교회가 있는 곳에는 평화가 증거되어야 한다. 그때 교회는 세상의 빛이고 세상의 소망이 된다. 전쟁과 폭력을 사용하는 것과 신앙을 별개의 문제로 치부되는 한국교회에 이 책은 경종을 울린다. 이 책은 한국의 모든 그리스도인, 즉 모든 목회자와 신학자들을 포함하여 모든 신자가 읽고 회개할 책이다.

결론으로 예수님이 선포하셨던 근원적인 혁명은 그 본연의 가치과 태도와 더불어 특별한 공동체를 창조하게 되었다. 평화의 일꾼들은 바로 이러한 새로운 삶의 형태를 깨달아 가는 의도된 공동체이다. 이들이 바로 주님의 명령을 견고하게 지켜가는 하나님의 백성이다. 이러한 믿음이 삶에서 본질의 새로운 형태를, 삶의 방법으로 평화를 택하고 취할 뿐만 아니라 새로운 사회를 만드는 것이 주님의 혁명이었다. 이러한 혁명에 대한 요더의 분석이 전통적으로 평화주의자들을 어렵게 만들었던 질문들에 상당한 빛을 제공하는 것이 되었다. 그리스도와 문화에 대한 총체적인 질문을 다룬 그의 관점은 폭력에 대한 신구약 성경의 관계를 이해하는데, 상당한 도움을 주었다. 또한, 이것은 개인 윤리이든 공적 방법이든, 평화의 일꾼들의 생존력을 더 견고하게 하는데 도움을 주었다. 이 책은 기독교 평화주의에 관심있는 모든 사람의 많은 진보를 가져올 것이다.

쉽지 않은 책을 번역하여 많은 사람에게 유익을 끼치는 계기를 만들어 주신 김기현, 전남식 목사님께 감사드린다. 그리고 편만한 있는 한국 기독교인의 보편적 독서 수준에 한 눈 팔지 않고 어려운 가운데서도 보배로운 책을 용기 있게 출판하는 대장간 출판사에 박수와 격려를 보낸다. 이 책을 통해, 진정 주님의 제자로 살고자 평화에 대해 고민하며 진정성을 가지려고 몸부림치는 그리스도인들이 힘 얻기를 소망한다. 그리고 교회의 본질을 회복하고 국가와 분리되어 교회가 교회다워 지는 데 관심을 둔 모든 성도와 사역자들이 함께 읽기를 바란다. 교회가 화해와 평화의 도구가 되어 빛으로서의 교회의 역할과 사회에 소망을 주는 교회를 일구고자 수고하는 의도된 교회 공동체를 꿈꾸는 사람들에게 필요한 책이다. 그리고 이 책은 주님이 말씀하신 것처럼 하나님의 자녀로 화평케 하는 자들이 꼭 읽어야 할 필독서이다.

옮·긴·이·의·글

김 기 현 목사 | 로고스 교회, 로고스서원

"21세기는 존 요더의 시대가 될 것이다!" 이는 참으로 대담하기 그지 없는 주장이다. 내가 얼치기 점쟁이도 아니고, 사이비 예언자도 아닌 다음에야 무슨 근거로 이런 허무맹랑한 추측을 한단 말인가. 게다가 아직 한국 교회 내에서 아나뱁티스트가, 한국 사회 속에서 평화주의가 그리 환영받지 못할 뿐만 아니라 존재감도 미미하다. 정직하게 말한다면, 아나뱁티스트와 평화주의는 저주받은 이름이고 불온한 신학이다! 그런데도 아나뱁티스트요 평화주의의 일급 이론가인 존 요더의 시대를 예측한다는 것은 망상이 아닐까.

그, 러, 나, 바로 그러하기에 우리 시대는 존 요더의 시대가 될 수밖에 없다. 성서의 정신을 철두철미하게 지키자는 아나뱁티스트는, 이 땅에 평화를 주러 오셔서 십자가에서 죽으신 예수를 따라 전쟁과 폭력을 반대하는 평화주의는 지금 여기서 예수를 사는 길이다. 한국사회와 교회는 절실하게 평화를 바라고 있다. 교회는 교회의 타락으로 심히 아파하고 있다. 때문에 예수와 성서로 돌아가 한국교회를 회복하는 길에 요더를 어떤 형태로든 통과할 수밖에 없다는 것이 내 확신이다. 요더와의 만남 이후에 평화주의자가 될 수도 있고, 예전의 입장을 고수할 수도 있다. 그것이 어떤 것이든 간에 그래야 희망과 대안이 있다.

그러자면 이 책, 『근원적 혁명』을 필독해야 하고, 탐독해야 한다. 흔히 요더의 주저 또는 대작magnum opus을 『예수의 정치학』IVP 역간을 꼽는다. 그곳에 요더의 신학과 윤리의 핵심이 오롯이 담겨 있다. 그러나 그 책에 표방된 요더의 사상의 맹아는 『근원적 혁명』이다. 이 책에서 우리는 요더 사상의 진수를 맛볼 수 있다. 기독교 평화주의에 대해서, 교회 공동체에 대해서, 역사의 종말에 대해서, 그리스도를 따른다는 것에 대해서, 무엇보다도 우리가 믿고 사랑하는 그리스도가 어떤 분인지에 대해서. 그리하여 한국교회와 나 자신이 어떤 사람, 어떤 이야기를 살고 있는지, 살아가야 하는지를 깨우친다.

하지만, 요더를 읽는 것은 여러모로 불편하다. 그의 생각이 복음의 원초성을 급진적으로 철저하게 추구하기 때문이다. 근원으로 돌아가는 것은 어느 시대나, 누구에게나 혁명일 수밖에 없다. 하여, 요더야말로 'radical'이라는 말이 가장 잘 어울리는 신학자다. "예수가 주님이시다"는 신약 성경과 초대교회의 고백을 끝 간데없이 주장하기 때문이다. 정말 래디컬하다. 기존 세력의 시각으로 보자면 예수의 복음이 성가시기 이를 데 없다. 요더도 마찬가지다. 우리의 치부를 들추고, 약점을 까발린다. 세상과 타협하여 마침내 세상에 동화되어버린 우리를 고발한다.

그런데 요더의 사상만 불편한 것이 아니다. 그의 글, 그러니까 영어는 까다롭기 짝이 없다. 『예수의 정치학』을 번역하신 신원하 교수님도 혀를 내두른다. 다시는 요더 책 번역하지 않으시겠단다. 나는 그 말이 뼈에 사무치도록 공감한다. 한국에서 메노나이트 선교사였던 표대문Tim Froese 형제도 고개를 절레절레 흔든다. 나는 번역하면서 머리를 쥐어뜯었다. 요더를 이 땅에 소개해야 한다는, 그 누구도 부여하지 않는 나만의 사명감으로 선택한 일이다. 그런데도 나는 나를 많이 혼을 냈다. 바보야! 요더 때문에 나는 나와 불화를 빚었다. 나는 내가 싫었다.

그래서 나도 신원하 교수님처럼 혼자 번역하지 않고 공역을 하기로 했다. 전남식 목사님은 신대원 시절부터 스터디그룹을 만들어 신학을 같이 공부했다. 그때부터 영어의 감각이 보였다. 영국에서 유학하고 돌아와 대전에서 섬김이 살아있는 성경적인 교회를 세워나가고 있다. 전 목사님이 1차 번역을 하고, 내가 2차 번역을 했다. 우리는 원문과 일일이 대조하면서 요더의 생각을 정확하게 전달하려는데 초점을 맞추었다. 그의 수고가 없었다면 나로서는 엄두도 내지 못했을 일이다. 그래도 역부족인 것을 편집부가 많이 정돈해 주었다.

나와 전목사님이 번역하느라 애썼지만, 배용하 대장간 대표는 번역을 애타게 기다렸다. 번역기한을 맞추지 못해 참으로 미안하다. 그는 독창적인 두 사상가인 자끄 엘륄과 존 요더의 책을 출판하는 일을 사명으로 여기고 있다. 출판사가 매우 귀하다. 이 자리를 빌려 배대표에게 깊이 감사드린다. 부디 이 책에서 묘사된 급진적이고 근원적인 예수의 혁명이 독자들에서 시작하여 이 땅에 고루 번져나가기를, 그리하여 요더의 시대가 아닌 평화의 시대를 만드는, 화평하게 하는 하나님의 아들들이 더욱 많아지기를 기대하고 확신한다.

서 · 문

이 책에 실린 논문들은 존 하워드 요더John Howard Yoder의 작품 중에서 산상수훈에 관한 유일하고도 실질적인 요더의 성찰을 담고 있는 특별한 책이다. 더욱이 요더의 가장 심오한 논문 몇 편이 이 책에 포함되어 있으며, 그 중요성은 평화주의pacifism의 이슈를 훨씬 넘어선다. 이들 논문은 존 하워드 요더의 최고의 작품이다. 만약 당신이 평화주의에 관한 신학적 논문들을 읽어본 적이 없다면, 각오를 해야 할 것이다. 요더는 당신을 긴장시킬 것이고, 도전할 것이다. 결국, 당신을 예수는 주님이시다는 기독교 주장의 의미에 관해 깊은 성찰로 이끌 것이다. 만약 당신이 이 책을 요더가 쓴 『예수의 정치학』IVP 역간과 같이 읽는다면 당신의 이해가 깊어지고 넓어지고 풍성해질 것이다. 그리고 마지막으로 당신이 요더가 쓴 다른 많은 글들을 읽고 이 책에 실린 논문들을 읽게 되었다면, 이 논문도 단순한 반복에 불과할 것이라고 생각하지 마시라. 결코 그렇지 않다.

이 논문은 1971년에 처음 출판된 요더의 초기 저술 가운데 하나이다. 당시만 해도 그는 그리 유명하지 않았다. 20세기 가장 명석하고 영향력 있는 기독교 윤리학자 중 한 사람으로 요더는 훨씬 더 유명해졌다. 확언하건대, 그는 또한 가장 강력한 기독교 평화주의 변증가이다. 그러나 지금도 많은 이들이 이 논문의 이면에 혹은 기저에 깔린 것이 무엇인지를 제대로 이해하지 못하고 있다. 무엇이 존 요더를 그런 인물로 만들었는지, 그리고 1970년대 초에 그러한 관점을 분명히 말할 수 있도록 이끈 요인이 무엇인지를 밝히는 것은 도움이 될 것이다. 확실히 존 하워드 요더는 학문적이며 아주 명석한 인물이었다. 하지만, 책이나 강의실에서보다는 이러한 글들이 이바지한 바가 훨씬 더 컸다. 이 서문의 나머지는 어떤 영향으로 요더가 이 특별한 글을 쓰게 되었는지를 밝히고자 한다.

1939년부터 1945년까지 제2차 세계대전 기간에 4천5백만에서 6천만 명이 생명을 잃었으며, 역사상 어떠한 전쟁보다도 더 많은 인명 손실과 시민 사상자를 유발했다(대략 사망자 50%가 일반시민이었다). 실제로 유럽에서 단 한 사람도 이 전쟁의 고통에 영향을 받지 않은 사람은 없었다. 요더는 이러한 고통을 여러 방면을 통해 개인적으로 경험하게 되었다. 1949년 4월, 21세의 나이로 요더는 오하이오주 우스터Wooster에서 프랑스의 로렌Lorraine주의 낭시Nancy시市로 이주하였다. 메노나이트 교회 구호 단체인 메노나이트 중앙위원회Mennonite Central Committee; MCC와 협력하여 그는 전쟁에서 고아가 된 아이들—처음엔 한 명 후에는 두 명—의 가정을 살피고 돌보는 일을 하게 되었다. 이 일로 청년 요더는 많은 프랑스 메노나이트와 정기적인 접촉을 할 수 있었다. 그 후 5년간 요더는 그 아이들을 프랑스 메노나이트와 연결해 주고 그들을 지원해 주고 직접 방문하여 지원을 아끼지 않았다. 그는 지칠 줄 모르고 프랑스 동부에서 북동부의 도로를 여행했으며 여전히 몹시 가난한 전후戰後의 사람들에게서 고아들을 위한 식량과 물자를 수집하였다.

요더는 메노나이트 중앙위원회MCC로부터 프랑스 메노나이트들이 평화주의에 헌신하도록 다시금 불을 붙여달라는 요청을 받았다. 요더는 이 일에 아주 열정적이었다. 하지만, 그는 서두르지 않고 사람들과 관계를 형성하고 그들의 가족을 사귀면서 그 일을 해나갔다. 그는 나치의 끔찍한 공격 아래서 살아남는다는 것이 어떤 것인지, 그들의 고통스러운 이야기에 인내심과 존경어린 마음으로 귀를 기울였다. 그는 형언할 수 없는 용기와 기독교 평화주의라는 신념을 위해 치른 값비싼 희생에 대한 이야기를 들었고, 깊은 수치심으로 이어진 실패담에도 귀를 기울였다. 그들과 더불어 살면서, 같이 예배를 드리면서, 그들 언어를 빨리 유창하게 구사하게 되었고 이렇게 그들을 깊이 알게 되면서 요더는 그들의 선생이자 친구가 되었다. 요더가 얼마나 섬세하고도 참을성이 많았는지, 그럼에도 그들로 하여금 평화주의자로서의 신념을 다시금 받아들이도록 얼마나 강력하게 요청했는지, 그들은 말하곤 한다. 요더가 없었다면 많은 이들이 평화와 정의의 복음을 수용하기를 거부하는 것은 물론이고, 교회와 기독교 신앙까지도 포기했었을 것이라고 말했다.

요더는 1952년에 프랑스 메노나이트인 앤 마리 구트Anne Marie Guth 와 결혼하였다. 이 결혼으로 요더의 여생은 프랑스 메노나이트 세계와 지속적인 관계를 맺게 되었다. 또한 앤의 가족이 전쟁 중에 상당한 고통을 겪었기 때문에, 전쟁의 아픔과도 개인적으로 연결되어 있었다. 그중에서도 요더의 장인은 아들의 독일군 입대를 거절해서 뷰켄발트Buchenwald 집단수용소에서 1년 6개월을 보냈었다.[1]

요더는 유럽 체류를 교육의 기회로 활용하였다. 1950년 가을, 요더는 스위스 바젤 대학에서 시간제로 과목을 듣기 시작했다. 1954년 가을, 그와 그의 가족은 바젤로 이사했고, 그곳에서 풀타임 학생이 되었다. 1950년부터 1957년 사이, 즉 미국으로 돌아올 때까지 요더는 바젤대학 신학부에서 63개의 과목과 5개의 세미나colloquia를 들었다. 말할 필요도 없이, 그는 폭넓은 과목을 이수하였다. 그의 선생은 칼 바르트, 오스카 쿨만, 발터 아이히로트, 보 라이케, 발터 바움가르트너, 헨드릭 반 오엔, 하인리히 오트, 그리고 칼 야스퍼스와 같은 당대 주요 학자로 포진되어 있었다. 그의 박사 논문은 에른스트 슈태헬린에게 지도를 받았는데, 1523-1538년 사이의 스위스의 관료적 종교개혁자와 새롭게 출현한 아나뱁티스트와의 논쟁에 관한 것이었다.

강의실 밖에서 요더는 신학과 관련된 일에 진지한 태도로 참여하였다. 1950년 초에 평화에 관한 에큐메니컬 대화에 적극적으로 참여했다. 다양한 에큐메니컬 모임에서 수많은 중요한 강의를 하였다.2) 그는 1950년대, 평화에 관련하여 신학적으로 가장 중요한 목소리를 내던 두 명, 칼 바르트와 라인홀드 니버에 관한 논문을 썼다.3) 그는 유럽의 메노나이트 사이에서 신학적 대화에 적극적으로 참여했다. 1954년, 그는 대중적 문제의 신학 소책자 시리즈인 『관심』Concern, 『기독교 갱신에 관한 질문들에 관하여』라는 시리즈가 시작할 수 있도록 도움을 주었다.

요더는 1957년 미국으로 돌아왔다. 1959년부터 1965년까지 인디애나 엘크하르트Elkhart의 메노나이트 선교국Mennonite Board of Missions에서 국외선교를 위한 행정 부국장으로 사역했다. 이 역할로 그는 메노나이트 선교사가 섬기던 여러 나라와 접촉할 기회를 얻었다. 요더는 또한 복음주의 국가협회National Association of Evangelicals, 기독교 교회협의회 National Council of Churches와 세계교회협의회World Council of Churches를 통해 광범위한 그리스도인과 만날 수 있었다. 따라서 요더는 교단의 범주를 넘어서서 각계각층의 크리스천들과 적극적으로 신학적인 만남을 이어가면서 항상 신중하게 메노나이트적 신념을 지니고 대화를 이끌었다.

요더는 이전부터 고통을 목격했다. 2차 세계대전 직후에는 유럽에 있었다. 유몇 년 후, 알제리에서 메노나이트 지진 구호 활동에서 일했다. 그러나 1960년대 중반에는 새로운 형태의 신학적 대화에 참여했다. 1966년경 그는 라틴 아메리카에서 새롭게 출현하고 있던 해방신학에 관한 초기 대화에 참석했다. 그는 1966년, 단기 언어 연수 기간 동안 16개의 강의를 직접 스페인어로 강의할 정도였다. 또한, 가난한 자들의 목소리와 때로는 폭력을 수반한 혁명적 행동을 요구하는 목소리에 존경심과 인내심을 가지고 귀를 기울였다. 의심할 여지없이, 요더는 가난한 자들의 곤경에 마음이 움직였고 혁명적 변화에 대한 요구에 공감하였다. 그의 경청과 신학적 공헌은 널리 존중받았다. 훗날 그는 라틴 아메리카 신학회Latin American Theological Fraternity의 명예회원이 되었다. 그는 또한 남은 전 생애에 걸쳐 라틴 아메리카에 재차 초대를 받았다.4) 본서가 최초로 출판되었을 때 요더는 라틴 아메리카에서 1년간 가르치고 있었다. 본서의 논문 중 세 개는 1960년대에 그곳에서 보낸 초기에 저술된 것이다.

　　따라서 당신의 손안에 들려 있는 이 논문은 분명코 명석한 메노나이트 신학자의 성찰이다. 하지만, 그것은 폭력과 관련하여 이 시대에 가장 진지하고 어려운 문제를, 그것도 깊이 있게 다룬 한 인간의 성찰이라 할 수 있다. 게다가 심도 있고 폭넓은 연구를 통해, 당시 다양한 기독교적 관점들에 가장 진지한 자세로 임한 논문들이다. 한 가지 바람을 갖는다면, 요더와 마찬가지로 이 논문을 통해 예수 그리스도의 십자가와 부활로 명백해진 하나님의 권능과 지혜를 더 깊이 볼 수 있기를 바란다.

마크 T. 네이션 Mark Thiessen Nation

버지니아 해리슨버그의

동부 메노나이트 신학대학원 신학부 부교수

---

1) 그녀의 아버지는 여러 집단 수용소로 옮겨 다녔는데 이는 당시 흔한 일이었다. 그는 뷰켄발트에 있었고, 1년 6개월간 집단 수용소에 수용되었다.

2) 이들 강의 중에서 몇 개는 최소한 축약적 형태로나마 수집되었다. Donald Durnbaugh, ed., *On Earth Peace: Discussions on War/Peace Issues Between*

Friends, Mennonites, Brethren and European Churches, 1035–1975 (Elgin, IL: The Brethren Press, 1978).

3) 두 개의 논문은 그가 유럽에 있을 때 출판되었다. John Howard Yoder, "Reinhold Niebuhr and Christian Pacifism," *The Mennonite Quarterly Review* 29(April 1955):101–117을 보라. 1957년 바르트에 관한 47페이지의 논문이 MCC를 통해 비공식적으로 출판되었다. 이것은 후에 1970년도 저술에서 확장되었다. 이 저서는 John Howard Yoder, *Karl Barth and the Problem of War and Other Essays on Barth*, ed. Mark Thiessen Nation (Eugene, OR: Wipf & Stock Publishers, 2003)로 재출판 되었다.

4) 요더의 라틴 아메리카에 대한 중요성에 대한 진술을 위해서는 다음을 보라. Samuel Escobar, "Latin America and Anabaptist Theology," in *Engaging Anabaptism*, ed. John D. Roth (Scottdale, PA: Herald Press, 2001), 75–88, 189–190.

60년대 말, 사회변혁에 대한 그리스도인들이 관심과 표현들이 급증하였다. 『신학에 있어서의 혁명』*revolution in theology* 또는 『혁명을 위한 신학』*theology for the revolution*을 다룬 신간 도서와 신학적 관심으로서의 정치 혹은 정치적 사건으로서의 신학 등이 함께 거의 매주 등장했다.

언어나 내용substance 면에서 중복되는 부분도 있다. 그럼에도, 이 책을 대부분의 수사적 기교rhetoric로 대표되는 신학으로부터 기원했거나 그런 신학에 대한 최신 유행 접근방식을 따르는 신학책 쯤으로 치부해서는 안 된다. 여기에 포함된 자료 중 몇 편은 이런 유행이 시작되기 이전에 저술되었고, 이 책을 출판할 즈음에는 이 책의 제목이 더는 유행어가 아닐 것이라고 확신하기에 느긋한 마음으로 출판을 기다린다.

전쟁의 문제는 현대 사회 질병의 핵심이라는 자각이 교회와 신학교에서 점차 증가하고 있다. 그리고 이 문제에 대한 전통적인 기독교적 접근, 즉 정당한 전쟁just war이나 십자군 등은 점점 더 윤리 지침의 근거로서 결코 충분치 못하다는 인식이 점차 늘어나고 있다. 하지만, 광범위한 공리axiom 와 기독교 사상 안에서 평화주의적 참여가 어떻게 부합할 수 있을지를 개괄적으로 설명해 주는 현대적 접근 방식은 찾아볼 수 없다.

물론 기독교 평화주의자들이 매우 중요한 논총을 출판했던 적도 있었고, 내용의 많은 부분은 오늘날에도 계속하여 중대한 관심을 받을 가치가 있다.1) 그러나 최근 논문이라고 할지라도 10년 전에 발표된 것으로 오래전의 것들이다. 영웅적 인물(간디, 마틴 루터 킹)의 사상을 다룬 글이 부족한 것은 아니지만, 그 위인이 취한 태도는 그가 없었다면 과연 존재할 수 있었을까라는 의구심을 독자들에게 가중시킬 따름이다. 몇 가지 개인적인 성명서도 있긴 하지만 대부분은 최소 십 년 이상 된 것들 뿐이다.

교단의 성명서는 소위 "평화 교회"Peace Church로부터 나왔지만, 최근의 것들이 아니며, 그런 성명서는 교단 밖에서는 그다지 적절하지 않은 것으로 치부되기 십상이다.2) 마지막으로, 지난 경험의 (덜 철저한) 연구3)에 덧붙일만한 최근 결정적인 역사4)가 있지만, 이것들은 일관된 현대적 통합을 추구하지 않는다. 예수께서 제자들에게 칼을 버리라고 요구한 것은 기독교 신앙이 가지고 있는 여러 문제를 해결하고, 분열의 시대에 복음주의와 에큐메니컬을 통합에 이르게 하는 열쇠 중 하나이다. 그같은 확신을 재천명하는 논문을 모으라는 다양한 형태의 요청이 있었고, 그것을 수용하는데 개인적으로는 특별한 사명이 주는 압박감 못지 않게 공백도 있었다.5)

이 책에 실린 논문들은 다양하다. 때로는 문체가 설명 논조이며, 때론 논증적이다. 때로는 추론 과정이 짜임새가 있으며, 때로는 인상적이기도 하다. 때로는 나의 태도가 전통과 긴밀한 관계를 맺고 있는 듯하면서도 때로는 전례가 없다. 때로는 성서, 역사 혹은 교회에 대한 가정들이 참을 수 없을 정도로 가볍지만6), 때로는 부당할 정도로 냉소적이기도 하다. 독자가 곧 알아차리겠지만, 나는 문체 면에서 허점투성이다. 텍스트를 다시 고쳐 쓰려고 그다지 노력하지 않았다. 그 이유는 십자가의 일치란 지혜를 추구하는 자에게는 어리석고, 힘을 추구하는 자들에게는 나약하지만 믿는 자에게는 이러한 다양성 안에서, 함께, 그 아래에서 그 모든 것이 성취된다고 믿기 때문이다. 이는 하나님의 지혜와 권세가 믿는 자들에게는 다양한 형태로 정당화될 수도 있다는 확신 때문이기도 하다.

---

1) Percy Hartill, ed., *Into the Way of Peace*, James Clark, 1941, Percy Hartill, ed., *On Earth Peace*, James Clark, 1944, Harrop Freeman, ed., *Peace Is the Victory*, Fellowship Publications, 1944, John Fergusson, ed., *Studies in Christian Social Commitment*, Independent Press, 1954, Rufus M Jones, ed., The Church, the Gospel, and War, Harper, 1948을 보라. 다음의 각 신학자의 일련의 연구 중, 가장 중요한 작품은 Jean Lasserre의 *War and the Gospel*, Herald Press, 1962이다. 덜 철저한 것으로는 Charles E. Raven의 *The Theological Basis of ChristianPacifism*, Fellowship, 1951, Culbert Rutenber의 *The Dagger and the Cross*, Fellowship, 1950을 보라 또한, Edgar Orr, Christian Pacifism, C. W. Daniel Co, 1957을 보라.

2) 역사적 평화 교회 컨텍스트에서 가장 중요한 책은 메노나이트인 Guy F. Hershber의 *War, Peace, and Nonresistance*, Herald Press, 1953일 것이다. 또한, *The Way of the Cross in Human Relations*, Herald Press, 1958을 보라.

3) Roland H. Bainton, *Christian Attitudes Toward War and Peace*, Abingdon, 1960; Geoffrey Nuttall, *Christian Pacifism in History*, Blackwell, 1958, 이것은 World Without War Council, Berkeley, 1971 다시 출간되었다.

4) Peter Brock, *Pacifism in the United States from the Colonial Era to the First World War*, Princeton University Press, 1968.

5) '평화주의' 란 용어는 정의상 다양하며, 상호 양립할 수 없는 것은 아니다. 나의 책 『그림에도 불구하고』*Nevertheless: The Varieties and Shortcomings of Religious Pacifism,*, 대장간 근간)은 그들 중 몇 가지를 살펴보았다. 현재의 목적을 위해서 바로 직전의 긴 문장은 우리의 정의상 개념으로 사용될 수 있을 것이다.

6) 이 부분에 대한 신약성서 연구와 관련하여 심도 있게 보려면 『예수의 정치학』 IVP 역간 2007 참조.

1부. 성서적 관점

1. 근원적 혁명

오래된 단어와 새로운 의제

능하신 이가 큰 일을 내게 행하셨으니 그 이름이 거룩하시며

긍휼하심이 두려워하는 자에게 대대로 이르는도다

그의 팔로 힘을 보이사 마음의 생각이 교만한 자들을 흩으셨고

권세 있는 자를 그 위에서 내리치셨으며 비천한 자를 높이셨고

주리는 자를 좋은 것으로 배불리셨으며 부자는 빈 손으로 보내셨도다

눅1:49-53, 개역개정

유대교와 기독교의 전체 기도문 중에서 누가복음 서두의 두 노래보다 널리 알려졌으면서도 공허하게 반복되고 있는 본문도 드물 것이다.

그 노래 중 하나는 여종 마리아의 입술에서 나왔다. 가톨릭 전승은 이 노래를 "내 영혼이 주를 찬양하며"에서 첫 단어를 따서 Magnificat마리아 찬가라고 부른다. 그러나 이 노래가 말하는 바는 감미로운 여종의 언어가 아닌, 마카비의 언어라는 사실이다. 그것은 권세있는 자를 폐위시키고, 비천한 자를 높이며, 배고픈 자의 배를 불리고, 부자를 빈손으로 보내는 것을 말한다. 하나님께 드리는 마리아의 찬양은 혁명적이고 전투적 외침이다.

간단히 살펴보았지만 이 정도면 우리의 제목을 정하는데 충분하다. 지난 몇 년간의 개신교와 가톨릭 사회사상 양측의 유행어가 '혁명'이었다. 미국의 흑인 빈민가로부터 시작해서 1968년도 웁살라Uppsala에서 개최된 세계교회협의회WCC에 이르기까지, 레시페Recife 브라질 북동부 페르남부쿠 주(州)의 주도—편집자주에 거주하는 대주교로부터 미국 개신교 기득권층의 아이비리그Ivy League 신학교, 북경에서 소르본에 이르기까지, 표어는 같다: 체제는 부패했다. 피억압자는 폭정에 더는 굴복해서는 안 된다. 체제는 붕괴할 수밖에 없으며, 우리가 그 붕괴를 유도할 것이다.

'혁명'이라는 용어는 최소 단위의 가치와 특성을 지닌 동전이 가장 널리 유통될 것이라는 그레샴법칙악화가 양화를 구축한다는 법칙—편집자주의 적절함을 확인시켜준다는 점에서 시간을 두고 심사숙고를 해 볼 가치가 있다. '혁명'이란 용어는 수많은 손을 거치고 수많은 입과 펜을 통해서 전해져 오면서 그 의미가 대부분 퇴색되었다: 라임향을 비누와 함께 캔에 주입할 수만 있다면 그 면도용 크림은 혁명적일 것이다. 메콩Mekong 강 삼각주 마을의 강제 이주 프로그램은 1966년도 호놀룰루 회담 이후에 "혁명적인 발전"으로 거듭났다. 하지만, 한 단어가 타락하거나 오염되었다고 해서 우리의 진지한 의제로부터 그 단어의 실제 의미를 앗아가서는 안 된다. 마리아를 기쁘게 했던 변혁change에 해당하는 단어, 즉 전문 용어가 바로 '복음'이다. 하지만 '복음'이란 단어는 낡고 상투적인 단어가 되고 말았다. 어떤 사람에게 그 단어는 개인에게 죄 사함을 받으라는 초대를 의미한다. 복음을 선포하는 것, 즉 '복음전도'evangelize는 이러한 초대 메시지를 전하는 것에 지나지 않는다. 다른 사람에게 그 단어는 그리스도의 사역에 대한 올바른 가르침을 의미하며, '복음주의자들'이란 전통적인 교리를 고수하는 자들을 뜻한다. 어느 곳에서든 '복음주의자' evangelical란 말은 '개신교' Protestant의 현대적 용어일 뿐이다. 또 다른 사람에게는 '복음' 이란 특정한 종류의 컨트리 음악을 의미한다.

유앙겔리온euangelion이라는 용어의 사소한 모든 부차적 의미로부터 하나님의 복음의 정당성을 지키고자 한다면, 핵심 의미를 담아 오늘날의 '혁명' 으로 번역하는 것이 최선의 선택일 것이다. 본래 그 단어는 종교적이거나 개인적인 용어가 아닌, 세속적인 용어, 말 그대로 "좋은 소식"이었다. 유앙겔리온이란 환영받을 만한 하나의 정보가 아니라, 한 공동체의 운명에 영향을 미치는 소식이다. "좋은 소식"이란 그리스의 도시국가에 한 사람의 주자runner가 전달해 준 보고로, 먼 지역의 전투에서 승리하여 자유를 유지하게 되었다는 소식이다. 또는 왕에게 한 아들이 태어났으므로 한 세대 동안 정치적 안정을 확보하게 되었다는 소식을 말한다. '복음' 이란 사람들의 안녕과 깊이 관련된 좋은 소식이다. 오늘날 우리는 이런 의미로 베트남전의 종식을 말한다. 즉, 우리 중 일부만을 행복하게 만드는 사건이 아니라, 우리 모두의 공통 삶을 보다 나은 모습으로 변화시킨다는 의미로 말이다.

'복음' 을 신약성서 바깥의 일상적인 세속적 용어로 번역하는 것이 이 단어의 본래 뜻을 되살릴 수 있다. 그뿐만 아니라 신약이 그 이야기를 이런 이름으로 부르는 것 또한 옳은 일이다. 마리아 찬가에서 마리아의 사회적 열망의 분출은 하나의 예에 불과하다. 그녀의 친척 사가랴가 자기 아들의 출생을 맞이하여 부른 노래 역시 하나님께서 지금 도래하셨다는 사실을 노래한다.

이것은 주께서 예로부터
거룩한 예언자의 입으로 말씀하신 바와 같이

우리 원수에게서와 우리를 미워하는 모든 자의 손에서
구원하시는 일이라 눅1:70~71

그의 아들 요한이 설교를 시작했을 때, 누가는 "백성들에게 복음을 전파하는 것"으로서 예언을 기술한다.

이미 도끼가 나무뿌리에 놓였으니
좋은 열매 맺지 아니하는 나무마다
찍혀 불에 던져지리라 눅3:9

"우리가 무엇을 하리이까?"라고 묻는 사람들에게 그는 대답한다.

옷 두 벌 있는 자는
옷 없는 자에게 나눠 줄 것이요
먹을 것이 있는 자도
그렇게 할 것이니라 눅3:11

다시 강조하면, 하나님께서 이제 막 시작하시려는 그 일은 가난한 자들에게는 좋은 소식이요, 거만한 자와 부자에게는 나쁜 소식이 될 것이다. 그것이 **변혁**이며, 이는 경제적, 사회적 변혁을 포함한다.

예수 자신도 이러한 기대치를 선택했고 요한과 거의 같은 용어로 "천국이 가까웠다"고 선포하고 있으며, 더 정확하게 다음과 같이 말하고 있다.

주의 성령이 내게 임하셨으니

이는 가난한 자에게 복음을 전하게 하시려고

내게 기름을 부으시고 나를 보내사

포로 된 자에게 자유를,

눈 먼 자에게 다시 보게 함을 전파하며

눌린 자를 자유롭게 하고

주의 은혜의 해를 전파하게 하려 하심이라 하였더라 눅 4:18,19

주의 은혜의 해, 또는 '받아주시는 해' 는 희년Jubilee이다. 희년에는 모세의 율법에 따라 주기적으로 경제적인 평준화가 이루어진다. 그러한 변혁이 예수의 사역이 시작되면서 지금 가시화되고 있다고 바로 예수 자신이 말하고 있다. 그것은 행동을 포함한 것으로 '회개', 즉 메타노이아metanoia, '마음을 돌이키는 것' 이라고 부른다. 그러나 이것은 또한 사회적 실천, 즉 '회개에 합당한 열매', 전혀 새로운 방식의 소유와 권력 사용을 포함한다. 약속된 다가올 변혁은 사회와 개인 차원이 불가분하게 관련되어 있다. 닭이 먼저냐, 달걀이 먼저냐, 를 논쟁함으로써 우리에게 당면한 직접적인 주장을 회피하려는 현대의 사변적 경향과는 거리가 멀다.

이것은 바로 요한의 의제였고 또한 예수의 의제였다. 그러나 그것은 우리의 의제이기도 하다. 그들과 우리의 시대 사이에서 사람들은 다른 질문, 다른 우선적 의제에 관심을 뒀던 시대가 있었다. 사람들은 특히 인생의 연약함과 덧없음을 인식했던 때가 있었다. 그들은 하나님으로부터 죽음의 공포와 내세에 대한 말씀을 듣기 원했다. 인간은 근본적으로 죽음을 피할 수 없는 존재로 비쳤다. 이런 상황에서 기독교 설교와 시가 죽음을 다루었고, 당연히 인간이 필요로 했던 좋은 소식은 영원한 생명이란 말로 설명되었다.

다른 사회, 다른 문화에서 인간은 불안, 죄책감, 심판에 대한 두려움이란 질병에 걸렸다. 이런 상황에서 좋은 소식은 용서라는 용어로 진술된다. 즉 하나님의 수용과 타인의 수용으로 설명한다. 오늘날에는 자아수용이란 말로 표현한다. 또 다른 시대와 문화에서 인간은 직업을 얻거나 질병 혹은 가난에 맞닥뜨렸을 때, 무엇보다도 도움이 필요하다고 생각한다. 이를 위해 기독교적 메시지가 들려진다. 인간은 여전히 이런 질문을 던지고 있으며 기독교 설교자들은 여전히 이런 방식으로만 좋은 소식을 선포하고 있다. 그런 식으로 설교하는 것이 왜 안 되겠는가?

그러나 그 시대의 예수에게, 그리고 우리 시대의 점점 더 많은 사람에게 인간의 기본적인 문제는 개인적 차원의 용어가 아니다. 예수와 우리의 우선적 의제는 죽음이나 불안이 아니라 불의와 불법이다. 위안이나 수용이 필요한 것이 아니라, 인간이 서로 사랑하며 더불어 살아가기 위한 새로운 질서가 필요한 것이다. 그러므로 우리 시대와 마찬가지로, 예수의 시대에 혁명이 갖는 질문, 곧 **현 질서에 대한 하나님의 심판과 또 다른 질서에 대한 임박한 약속**은 복음이 말해야만 하는 언어이다. '혁명'이란 단어에 대해 대다수 사람들이 생각하는 **의미**와 원하는 **대답**은 복음이 아니다. 그러나 복음이란, 그것이 진짜라면, 혁명이 던지는 **물음**에 대답해야만 한다. 예수께서는 그렇게 하셨다. 그는 요한이 사용했던 문구를 받아들였다. 그는 다가오는 하나님나라를 선포했고, 기름부음 받은 자메시아—비록 이 표현을 자제했고, 쉽게 오해를 불러일으켜 수정을 해야 했지만, 또는 기다려왔던 자the Awaited One로 부르는 것을 허락하셨다.

네 가지 길

시간이란 사람들이 생각하는 것처럼 그렇게 많이 변하지 않는다. 사회적 갈등과 억압의 상황에서 실행 가능한 전략은 제한적일 수밖에 없다. 외세 강점과 꼭두각시 정부 치하에 있던 나라에서 난민으로 태어난 예수는, 1778년 펜실베이니아 사람이나 1958년 알제리인, 오늘날의 베트남이나 과테말라 사람들이 직면해야 했던 같은 논리적 선택에 직면했다. 예수께서 사람들이 기대했던 메시아로 부상하고, 세상에서 하나님 나라 운동을 제시하기 시작하자, 예수 주변의 상황과 예수의 말씀에 기대한 사람들, 그리고 공생애 내내 그와 동행했던 유혹자가 가담하여 예수의 목표를 이루기 위한 특정 행동을 요구하였다. 그에겐 네 가지 선택 안이 있었다.

오늘날과 마찬가지로 예수에게 열려 있던 첫 번째 선택 안은 현실주의realism 노선이었다. 현 상황을 있는 그대로 받아들임으로써 시작하는 것이다. 로마인들은 팔레스타인을 통치하고 있었다(1958년 프랑스의 알제리나 1968년 미국의 산토도밍고 통치보다 훨씬 더 엄하게 말이다). "변혁을 위한 희망은 바로 그 현실에서 시작해야 한다. 새로운 출발이란 전혀 선택 사항이 아니다. 실현 가능한 것에 초점을 맞춤으로써 할 수 있는 만큼만이라도 구해내야 한다." 이것이 예수의 시대에 헤롯당과 사두개인의 전략이었다. 복음서 이야기를 피상적으로 읽을 때 가질 수 있는 선입견처럼, 그들은 비열하고 교활한 사람들이 아니었다. 그들은 책임감 있는 전략을 추구하는 지식인 지도자였다. 현 상황에서 할 수 있는 최선을 다하는 것이 그들의 관심사였다.

그들의 논리는 단순하고 솔직했다. 원하든 원치 않던, 로마의 통치를 바꿀 수는 없다. "달성 가능한 목표에 초점을 맞추고, 우리가 할 수 있는

범위에서 (나라를) 구하면 된다." 그들은 성전 제사를 지속시킬 수 있는 사람들이었고, 유대교 율법에 대한 대중의 인지도와 가르침을 유지할 수 있었던 사람들이었다. 그들은 유대 백성과 문화를 위한 숨쉴 공간을 보존해 주었다. 로마와 다른 유일신 종교 행위를 유일하고도 합법적으로 보장해 주었다. 그들 모두가 백성의 목소리를 듣지 않았다고 비난할 일이 아니라 오히려 그들 중 일부만이 '기득권층'으로서 귀를 기울이지 않았다고 비난하는 것이 정직하다. 그들은 정의와 변혁을 위해 노력했으며, 어느 정도 효과가 있었다. 로마 군대의 성전 모독에 대해 일정부분 매우 희생적이었고 효과적이기도 하였던 비폭력적인 직접적 행동을 취하였다. 그러나 그들은 로마 점령의 사회 체제를 수용하고 노골적으로 승인하였으며, 그 체제하에서 살았고 이익을 챙겼다. 하지만, 이것은 가능한 선택 안 중에서 그들이 할 수 있는 최선이었으며, 더 전면적인 변혁을 꾀할 때까지는 시간을 참고 기다리는 수밖에 없었다.

이런 태도는 오늘에도 여전히 유효하다. 어떤 이는 무비판적이고, 친기득권층 방식으로 그런 태도를 보인다. 이론상으로는 교회와 국가가 분리되어 있어도, 우리의 사회미국는 사제Chaplain가 없는 군대, 의회, 현충일 행진은 상상할 수 없다. 점진적으로 개선할 수 있다는 희망을 품고 기관 목사는 현 질서를 신성화하는 일에 복무한다. 권력형 공공 단체들은 "미국인의 생활 종교"Religion in American Life란 이름을 가지고 있다. 그들은 종교를 이용하여 "당신의 삶을 고양할 수 있다"는 광고를 하는 사람들이다. 종교가 무엇이든 그것은 중요하지 않다. 개신교, 가톨릭 혹은 유대교가 될 수도 있다. 핵심을 바꾸지 않는다면 불교도나 무슬림도 될 수 있다. 이것은 정치 해설가가 우리더러 그가 어떤 특정한 도덕적 선택을 하든지에 전혀 상관없이 아이젠하워나 케네디, 존슨, 혹은 닉슨

대통령을 "대단히 믿음 좋은 사람"이라고 말할 때 작용하는 그런 발상이다.

그러나 또한 더 비판적인 많은 사람도 이와 유사한 태도를 보인다. 이 시대의 요란스런 사회 비판 중에서 많은 부분은 '기득권' 조직으로부터 나오는 것이다. 교회협의회 직원이나 주류 교단으로부터 이런 비판이 나온다. 베트남에서 미국 군사 정책에 대한 비판이나 남미나 남아프리카에서의 투자 정책의 비판은 1960년대 후반에는 종종 재력 있는 아이비리그대학이나 신학교의 종신 교수에게서 나왔고, 그들은 미국의 "착한 남자" 자아상을 칭의justificion가 아닌 심판judgement의 이미지로 바꾸려고 노력하였다.

하지만, 예수에게 있어서 그런 "기득권에 스며드는" 전략은 전혀 유혹거리가 되지 못하였다. 예수는 네 가지 선택 안 중에서 그와 같은 접근을 단 한번도 생각하지 않았다. 그 무리헤롯당과 사두개인-편집자주는 처음부터 예수를 반대하였다. 실제 예수의 탄생 때부터 그런 반대가 있었다. 그들의 우두머리 가야바는 그 일이 정당하든 부당하든 상관없이 예수는 중요하지 않았으며, 공동체를 위해 한 사람쯤은 희생되어도 무방하다고 말하였다.

결론은 이렇다. 만일 종교가 기존 질서를 인정하기 위해 존재한다면, 종교는 예언자적인 비판을 거스르거나, 심지어 예언자의 목숨이나 자유를 희생하더라도 기존 질서를 옹호해야 한다는 결론에 이르게 된다. 기득권층 내부 출신의 비판가인 왕실 예언자는 위기가 찾아올 때 그 안에 머물러 있다면, 결국 그는 헤롯의 편에 서게 될 것이다. 이런 현상은 예나 지금이나 동일하다.

이러한 기득권 노선에 대해 가장 첨예하게 대립하는 대안은 정의로운 혁명적 폭력이다. 그것은 예수 당시에 지하 정치 군사 그룹인 일명 열심당the Zealots으로 등장했다. 그들은 여호수아와 마카비의 유산을 이어받은 사람이며, "하나님의 열심"을 이교도 로마인들에 맞선 성전holy warfare으로 표현하였다. 로마인은 '성전'을 다름 아닌 무력 행사로 이해했고, 무력으로 무력 시위에 대응하는 것보다 더 효과적인 수단은 없다고 판단했다. 열심당 혁명은 예수 시대 전후 몇 십 년간 혹은 한 세대에 한 번 정도 팔레스타인을 뒤흔들었다.

오늘날에도 열심당의 유혹이 손짓하고 있다. 기독교 학생단체에서, 현대 사회에서의 기독교적 책임에 관한 가톨릭과 개신교 양측의 1966년 회담에서, 기독교 교회에 대한 유일한 대안은 즉각적인 사회 개혁을 요구하는 힘에 "편승하는 것"이다. 피 흘림이 필요하다면 그 대가를 치러서라도 말이다. 그와 같은 태도는 많은 문명 세계의 젊은이의 정신세계에 딱 들어맞는다. (그들의 생각은 다음과 같다) 어떤 일은 현재 우리가 가지고 있는 것보다 더 나은 것일 수 있다. 우리에게는 완전히 새로운 출발예를 들어 혁명-편집자주만이 필요할 뿐이다.

이와 같은 열심당 대안은 사실상 예수에게는 현실적으로 가능한 것이었으며 현실적 유혹으로 나타났다. 이 대안은 예수를 침례세례 받으시고 난 다음 광야에서, 그리고 다시 겟세마네 최후의 시험에서 유혹자와 논쟁하도록 유도했다. 제자 중에서 팔레스타인 사회의 다른 무리보다는 열심당 출신들이 더 많았고, 따라서 그들은 이러한 열심당 노선을 기대했을 것이다. 최근 학자들은 예수의 사역이 폭력적 혁명을 사회적 대안으로 채택하려는 자들과의 끊임없는 투쟁으로 이해되어야 한다고 밝히고 있다. 이러한 기회는 예수에게 진짜 유혹거리가 될 만큼 가까운 곳에 있었다.

예수의 제자 중 몇 사람과 헤롯당과 사두개인은 예수가 열심당과 가장 밀접하게 연관되어 있다고 인식하였고, 로마인은 그를 열심당이라는 근거에서 처형시켰다. 예수는 열심당의 언어를 사용했고, 그들처럼 가난한 자들의 편에 섰으며, 그들이 비난했던 똑같은 악을 비난했고, 그들처럼 헌신된 제자공동체를 만들었으며, 그들처럼 신적인 대의를 위해 죽음을 준비했다.

하지만, 예수는 열심당의 노선을 취하지 않았다. 마지막이 다가오자, 그의 제자 그룹의 열심당원 중 하나였던 유다가 그를 당국에 넘겨주었다. 예수는 이 노선을 거부했지만, 우리처럼 혁명에서 패배할 형국이 되자 안전을 위해 그 노선을 거부한 것도, 지나친 결벽증으로 사회적 갈등을 피하고 싶어서 그런 것도 아니었다. 그 시점에 이를 때까지도 예수는 열심당과 함께 있었다.

예수께서 그들의 의로운 폭력을 거부한 데는 또 다른 이유가 있었다. 예수는 통치자의 교체를 통한 변화, 곧 위로부터 아래로 사회를 변화시키기 위해 불가항력적인 힘이나 계략을 사용하는 것이 현실적으로 필요하다는 명제에 동의하지 않았다. 예수에 의하면, 폭력적 혁명은 너무 많은 것을 변화시키기 때문이 아니라, 변화시키는 것이 거의 없기 때문에 잘못된 것이었다. 열심당은 폭군이 사용하는 수단으로 폭군을 대체하려는 것을 보여주는 거울이다. 열심당은 자신과 자신의 목적을 위해 행했던 윤리적 주장, 즉 "이 세상의 왕들은 강제로 백성을 다스린다. 그리고 백성들에게 권력을 휘두르는 사람들은 백성의 은인으로 행세한다"눅 22:25는 투쟁 속에서 자신들이 공격했던 폭군과 닮았다. 예수와 열심당 간의 명확한 차이 중 한 가지는 부정한 자들, 죄인들, 세리, 로마인과 기꺼이 관계를 맺으려는 태도였다. 예수가 보기에, 혁명가들의 의로운 거만함이 갖는 궁극적인 잘못은 폭동 운동이 대부분 실패했고, 그것이 실질적으로 피억압자의 상황을 더욱 악화시켰다는 사실(역사적으로 증명 가능한 일이다) 때문만은 아니었다. 대부분의 성공적인 폭동 운동은 그들에게 승리를 가져다준 무력 사용이 정당했음을 호소하려는 유혹 때문에 부패했다는 사실 (이 또한 역사적으로 증명 가능하며 심리학적으로도 일반적 현상이다) 때문만도 아니었다. 대부분 혁명가는 미성숙하고, 자기비판을 할 수 없으며, 역사나 사회적 결정 요인에 대한 감각이 부족하다는 사실(비록 이것은 다른 주장보다 덜 일관적일지라도) 때문만은 더더욱 아니었다. 만일 이러한 것들이 열심당 모델에 대한 논박이었다면, 그것들이 한 도덕군자를 설득할 수는 있을지 몰라도 예수는 이해시킬 수 없었을 것이다. 그것들은 결국 성공한다 해도 균열할 수밖에 없다.

예수가 보기에 열심당이 취한 노선의 잘못은 그들이 불법적인 수단을 사용해 새로운 질서를 가져왔다는 것만이 아니라, 그들이 만들어 낸 질서가 전혀 새롭지 않다는 것이다. 칼로 만들어 낸 질서는 본디 여전히 예수가 공표했던 새로운 백성됨이 아니었다. 그 질서는 여전히 사람들을 대의명분(그들이 의롭기 때문에 승리해야 한다)에 종속(그들은 잘못된 편에 있으면 살해당할 수 있는 사람들이다)시킴으로써 권력자의 자기 의는 손상되지 않은 채 유지할 수 있고, 하나님께서 자신의 도구로서 세상을 재창조하기로 선택하신 것이 종의 자세라는 사실을 거부한다.

우리는 너무 앞서 나갔다. 예수는 무언가 다른, 더욱 덜 극단적인 선택을 했다. 그는 로마의 지배와 헤롯당의 타협을 거부하면서도 열심당에 가담하지 않았다.

예수에게 선택 가능한 세 번째 논리적인 가능성은 광야이다. 그는 도심의 긴장과 갈등으로부터 물러날 수 있었다. 정부와 상업은 제대로 교육받은 율법의 자녀들조차도 오염시켰기 때문에 순수하고 완벽하게 믿음을 지켜갈 수 있는 장소를 찾을 수 있었다.

지난 수십 년 사이, 우리는 사해 주변의 수도원에 대해 많은 것을 알게 되었다. 상당한 규모의 집단은 구약 성서 본문을 충실하게 필사하는 일과 외부 세계에 의해 오염되지 않은 채 랍비의 규율에 문자적으로 복종하는 삶을 살았다.

이것이 신실한 기독교인의 길이라고 생각했던 사람들이 있다. 아미시Amish와 그들의 모든 이민 세대들과 캘리포니아 협곡의 히피들은 극단적인 은둔withdrawal의 형태라 할 수 있다. 전원 공동체는 종종 삶이 더 단순하고 소수 사람과만 거래해야 했기에, 그리스도인이 되기에 보다 쉬운 장소로 칭송받아 왔다. 시골 마을도 최소한의 정부를 가지고 있으며 경제 조직 또한 상당한 규모이다.

전원으로 은둔하는 삶은 빠르게 지나가지만, 우리가 교외라고 부르는 인공적인 오래된 수영장, 인공적인 넓은 초원, 인공적인 캠프파이어 장소를 가진, 교외라 부르는 인공적인 시골은 도시의 문제로부터 인위적인 거리를 유지하기 위해 만들어졌으며, 여전히 무엇을 위해 살 것인가에 대한 사람들의 비전을 제시해 준다. 시골은 주말에 캠핑카를 타고 호숫가로 도피하는 사람들로 채워진다. 하지만, 예수는 비록 고향이 시골의 작은 마을이었지만, 그곳에서의 예수가 어떤 삶을 살았는지를 알 수 없으며 그는 그 마을을 뒤로하고 떠났다. 그는 목수 일을 저버렸고 제자에게도 그들의 가옥과 전토를 버리도록 요구했다. 그는 아주 공개적이고도 의식적으로 도시와 그가 대면할 갈등을 향해 나아갔다.

예수가 선택할 수 있는 네 번째 대안은 첫 번째와 마찬가지로 예수가 걸었던 노선과 비슷했다. 그것은 바로 바리새파가 주도하던 것으로 예수 시대의 사회에서 나타난 "적합한 종교"라는 선택 안이었다. 바리새파는 도심에 살았지만, 광야의 분파들처럼 순전하고도 분리적인 삶을 유지하려고 노력했다. '바리새파'란 단어의 뿌리는 '분리'를 의미한다. 그들은 분리주의 규율을 지킴으로써 도심에서 자신들의 순수성을 유지했다. 특정 지역은 피했다. 특정 문화적 요소는 바리새파에게는 맞지 않았다. 특정 주화나, 특정 농작물, 특정인, 특정 직업, 특정한 날은 금기시되었다.

우리 시대도 마찬가지다. 종교는 분명한 기준에 의해 종교가 거론하기에 적합한 '영적인 것'이나 '윤리적인' 이슈가 있고, 반면에 종교가 관여할 바 아닌 '사회적'이고도 '정치적' 이슈를 구분하는 것이 가능한 일이며 동시에 바람직하다고 생각하는 사람이 많다. 이것이 우리 사회에서 '혁명'이란 주제가 기독교의 관심 밖으로 밀려난 주된 원인이다.

하지만, 이러한 구분은 현실적으로 상당히 모호하다. 혁명을 회피하는 것은 기득권층의 편에 서는 것을 의미할 수 있다. 교회가 주거 개방제의 문제에 참견해서는 안 된다고 말하는 것은 비록 주택 소유자와 부동산업자가 교인이라 할지라도 자신들 외에는 어떠한 구체적인 윤리적 지침을 받지 않는다고 결론짓는 것과 다를 바 없다. 정치적 군사적 전략의 세부사항의 전문가를 비판하는 일과, 특정법이 윤리적으로 적법한지를 판단하는 일은 교회가 관여할 바가 아니라고 말하는 것은 무슨일이 벌어지든 그것을 축복해 주는 셈이다. 교회가 경제에 대해 의견을 말하는 것을 반대하는 사람들, 특히 현존하는 자본주의적 질서에 비판적 자세를 견지하는 것에 반대하는 사람은 경제 문제와 교회 생활과 직결된 경제에 대해 교회가 아무런 대답도 줄 수 없다는 것에 아무런 양심의 가책도 느끼지 못하는 사람이다.

비록 바리새파가 헤롯당-사두개파와 윤리적, 신학적으로 큰 차이가 있었음에도 불구하고 예수가 그들의 불간섭 입장에 위협이 되었기 때문에 바리새파가 그들과 공동 전선을 펴서 예수를 십자가에 처형하는데 참여한 것은 놀랄만한 일이 아니다.

열방의 빛

그렇다면, 예수가 헤롯당의 기존 질서를 거부하는 동시에 기존질서를 바꾸려던 열심당의 거룩한 폭력적 혁명을 거부하셨다면 예수가 할 수 있는 일은 무엇이란 말인가? 에세네파의 외부로의 이주와 바리새파의 내부로의 이주를 거부했다면 그가 할 수 있는 일은 무엇인가? 오랫동안 고심하지 않아도 이 질문이 우리에게도 해당하는 것임을 금방 알아챌 수 있을 것이다.

예수의 시대뿐만 아니라 현대에 이르기까지 유용한 사회 전략 조사로 다듬어진 질문에 대답하기 위해 우리는 아주 오래 전부터 하나님께서 행하셨던 것으로 거슬러 올라가야만 한다. 성서 이야기는 믿음의 조상 아브라함으로부터 시작한다. 아브라함은 그 당시 세계의 문화적, 종교적 수도였던 갈대아를 떠나 알지도 못하고 무엇을 해야 할지도 모르는 곳으로 가라는 명령을 받았다. 그는 언제, 어떻게 고향으로 돌아올지, 아니 고향으로 돌아올 수 있을지의 여부도 몰랐다. 하지만, 불가해한 약속을 따르고자 일어섰을 때, 그를 통해 열방이 복을 받을 것이라는 말씀을 들었다. 그 반응으로 아브라함은 전혀 다른 삶, 문명화되고 종교적인 민족과 다른 삶, 도시민이든 유목민이든, 그들 가운데서 순례의 길을 떠나 전혀 다른 삶을 살기로 하나님과 약속했다.

이 바위 봉우리에서 내려다 보고

이 언덕에서 굽어 보니,

아, 저 백성, 남과 섞여 살지 않는 민족,

과연 만방에 견줄 데 없는 민족이구나. 민23:9(공동번역)

그러나 현실과의 괴리감이란 참으로 컸다!

이것이 근원적 혁명이다. 상식에서 벗어난 가치관과 그것들을 육화시키는 일관된 방식을 가진 독특한 공동체의 창조! 오늘날 그것은 지하운동이나 정당, 침투 팀이나 세포 운동이라고 부를 수 있다. 사회학자들은 그것을 의도적 공동체intentional community라고 부른다. 그들은 '히브리인'이라고 불렸는데, 본래 "강을 건넌 사람들"을 뜻하는 호칭이었다.

아브라함의 후손들이 항상 하나님의 언약을 지킨 것은 아니지만, 하나님은 그들에게 변함없이 신실하셨다. 비록 이스라엘 백성이 언약 성취의 도구가 될 가능성이 점점 희미해지는 듯했으나, 그의 종 이스라엘을 통해 열방이 받을 의에 대한 언약은 매년 반복되고, 강화되고, 명백해졌다. 이것이 바로 예수께서 성취하러 오신 언약이라고 그리스도인들은 믿는다.

예수는 하나님이 아브라함, 모세, 기드온 또는 사무엘을 부르셨을 때 행하셨던 일을 다시금 행하셨다. 그분의 말씀과 뜻 가운데로 자기 사람들을 모으셨다. 예수는 자기 주변에 인류가 전에는 보지 못했던 전혀 다른 사회를 창조하셨다:

1. 이것은 자발적인 사회voluntary society였다. 그 사회에는 출생으로 가입하기란 불가능하다. 오직 회개를 통해, 그리고 그곳의 왕께 자

원하여 충성을 맹세함으로써 들어올 수 있다. 제2세대 구성원이 존재하지 않은 사회였다.

2. 이전과는 정반대로 구성원이 뒤섞여 있는 사회였다. 인종적으로 유대인과 이방인이 뒤섞여 있었고, 종교적으로는 광적인 율법 수호자들과 모든 형태의 자유 지지자들이 뒤섞여 있었으며, 급진적 유일신론자들과 우상숭배로부터 이제 막 마음만을 돌이킨 사람들, 경제적으로는 부자와 가난한 사람들이 뒤섞여 있었다.

3. 예수께서 사람들을 불러 모아, 그들에게 새로운 삶의 방식을 제시했다. 범죄자들을 용서함으로써 그들을 대우하는 새로운 길을 제시했다. 고난을 겪음으로써 폭력을 처리하는 새로운 길을 제시했다. 분배를 통해 돈을 다루는 새로운 길을 제시했다. 모든 구성원, 심지어 가장 비천한 자들의 은사를 활용함으로써 리더십 문제를 처리하는 새로운 길을 제시했다. 옛 것을 때려 부수지 않은 채 새로운 질서를 만듦으로써 부패한 사회를 다루는 새로운 길을 제시했다. 남자와 여자, 부모와 자녀, 주인과 종의 새로운 유형의 관계 속에서 인간이 된다는 것이 무엇인지에 대한 급진적인 새 비전을 구체화했다. 그는 국가와 '적국'을 향한 새로운 태도를 제시했다.

이런 새로움의 핵심에는 인간의 근본적인 유혹, 즉 권력에 대하여 예수께서 행하신 일이 존재한다. 이는 열심당 대안에 대한 예수의 대답을 설명할 때 이미 언급했다. 다음은 그의 약속 일부였다.

내가 붙드는 나의 종,
내 마음에 기뻐하는 자 곧 내가 택한 사람을 보라

내가 나의 영을 그에게 주었은즉

그가 이방에 정의를 베풀리라

그는 외치지 아니하며 목소리를 높이지 아니하며

그 소리를 거리에 들리게 하지 아니하며

상한 갈대를 꺾지 아니하며

꺼져가는 등불을 끄지 아니하고

진실로 정의를 시행할 것이며

그는 쇠하지 아니하며 낙담하지 아니하고

세상에 정의를 세우기에 이르리니

섬들이 그 교훈을 앙망하리라. 사42:1~4

예수는 자신이 선택받은 '종'의 사역을 감당하고 있다고 생각했을 뿐만 아니라, 그의 제자들이 걸어야 할 길로 보았다.

그들을 임의로 주관하고 그 고관들이

그들에게 권세를 부리는 줄을

너희가 알거니와

너희 중에는 그렇지 않아야 하나니

너희 중에 누구든지 크고자 하는 자는 너희를 섬기는 자가 되고

너희 중에 누구든지 으뜸이 되고자 하는 자는 너희의 종이 되어야 하리라

인자가 온 것은 섬김을 받으려 함이 아니라 도리어 섬기려 하고

자기 목숨을 많은 사람의 대속물로 주려 함이니라 마20:25 이하

서로 하나가 되는 존재, 삶의 양식이 다른 존재들이 모인 새로운 백

성, 그들을 통해 세계가 복을 받을 것이며 올바로 변화될 것이라는 약속이 갱신되었다. 마찬가지로 그의 제자들도 약속을 자유롭게 갱신한다. 예수께서 창조한 새로운 사회의 일반적인 명칭이 '교회'이다. 하지만, 우리 시대에 '교회'란 이름을 사용할 때 우리는 예배를 위한 모임이나 예배를 위해 모이는 사람의 집단, 그렇지 않으면 서로 거의 관계가 없는 사람들을 의미한다. 때로는 그들이 모이는 건물이나 모임에서 당회장 목사들이 있을 곳을 제공하는 조직, 혹은 당회장 목사들의 미망인들을 위한 연금을 관리하는 국가 기관을 의미한다. 하지만, 예수께서 사용하신 아람어 용어는, 신약의 저자들이 헬라어로 사용했던 용어와 마찬가지로, 예배를 위한 모임이나 행정을 의미하지 않았다. 그것은 공동체 일을 다루는 대중적인 모임을 의미한다. 회중, 의회, 지역 모임과 같은 현대 용어가 최상의 등가어다. 교회는 일정한 수의 사람도, 특별한 종교의식을 위해 모인 사람들의 특별 모임도 아니다. 교회는 한 단위로, 한 민족으로 모이고, 그분의 이름으로 사업을 하려고 모이는 하나님의 백성이다. 지금 여기에서 독특한 특징의 삶, 즉 그들과 세계에 대한 하나님의 약속이자 하나님과 맺은 약속이다. 그리고 세상을 섬기는 독특한 삶이 무슨 뜻인지를 발견할 수 있는 곳이다.

예수는 신실한 이스라엘에게 수정된 제의ritual나 하나님의 존재에 관한 새로운 이론을 가져다주지 않았다. 그는 그들에게 새로운 백성됨과 더불어 살아가는 새로운 방식을 가져다주었다. 그와 같은 그룹의 존재 그 자체가 깊이 있는 사회적 변혁이다. 그러한 현존은 너무 위협적이었기에 그분은 십자가에 처형되어야만 했다. 하지만, 그런 그룹은 신실하게 살아간다면, 존재 자체가 사회적으로 새로움일 뿐만 아니라, 또한 사회 변혁을 위한 가장 강력한 도구인 셈이다.

그렇다면, 이제는?

"하나님의 나라가 가까이 왔으니 회개하고 복음을 믿으라!" 회개는 감정적으로 언짢게 느끼는 것이 아니라 전혀 다르게 생각하는 것이다. 개신교, 특히 복음주의적 개신교는 각 개인이 충분히 인식한 상태에서 거짓 없이 참된 선택을 하도록 돕는데 관심을 둔다. 그것은 하나님나라 자체를 하나님나라의 혜택과 끊임없이 혼동할 위험에 빠진다. 누군가가 회개한다면, 누군가가 새로운 삶의 방식으로 예수를 따르려고 돌이킨다면, 하나님나라는 인생의 목적을 상실한 그 사람을 위해 무언가를 행할 것이다. 외로움을 위해 그와 교제를 나누는 일을 행할 것이다. 염려와 죄책감을 느낀 자를 위해 선한 양심을 주려고 할 것이다. 그래서 "복음 전도"란 회복된 자아, 염려와 죄책감으로부터의 해방을 선포하는 것이라고 말하는 루돌프 불트만과 빌리 그래함이 그다지 잘못된 것은 아니다. 누군가가 회개한다면, 지적인 혼란이 발생한다. 이때 소화 가능한 교리적인 골자, 평가할 수 있는 유산과 있는 그대로를 말할 수 있는 양심 등을 제공하는 일을 해야 한다. 그렇게 신성한 진리와 사리에 맞는 의사소통과 관련한 "복음주의"는 잘못된 것이 아니다. 그것은 옳다. 만일 한 사람이 회개한다면 그의 도덕적 연약함을 위해 그에게 전반적인 자아 훈련에 초점을 맞추도록, 부도덕함으로부터 그를 지켜주고 정시에 직장에 도착하도록 도와줄 수 있다. 하나님은 내가 삶의 궁지를 빠져나올 수 있도록 돕는 일에 관심이 있다고 약속한 펄Peale과 로버츠Roberts 가문(노만 빈센트 필과 로버츠 슐러를 의미–편집자주)이 틀린 것이 아니다. 그들은 자신들의 자리가 있다. 하지만, 이것들은 모두 복음이 아니다. 이것은 단지 보너스요, 고기를 산 후에는 버려질 포장지이며, 먼저 그의 나라와 그의 의를 구하면, 생각하지도 못했을지라도 더해질 "모든 것"이다.

하나님의 근원적 혁명의 좋은 소식은 열심당의 좌익이나 우익의 말과 달리 폭력이란 악인이 그것을 사용할 때만이 잘못이고, 적대감이란 그것이 폭력적일 때만이 잘못이라고 말하지 않는다. 광야의 이주자처럼, 책임을 회피하고 평온한 상태로 일할 수 있다고 말하지 않는다. 개인적으로 연루될 때에만 협력을 거부하는 바리새파들의 내적 세계로의 이주도 아니다. 그것은 헤롯당과 사두개파처럼, 도덕적으로 충분히 염려하는 사람들이 다우Dow, 듀폰DuPont, 그리고 제너럴 모터스GM에서 일하기로 계약을 맺고 세계를 부양하여 공산주의를 퇴치할 수 있다고 약속하는 것도 아니다. 이러한 네 가지 고전적인 전략은 새롭고, 자발적인 언약 공동체(그 안에서 옛것의 거부는 이미 시작된 새것의 실재에 의해 인증된다)의 창조를 지금, 최초로 시작해야 할 의무를 피했다는 공통점을 가지고 있다.

혁명을 대망하며 열망하는 세계에서 이 시대의 질문은 그 나라가 임하고 있는지가 아니라, 그것에 대해 우리가 무엇을 할 것인가를 묻는 일이다. 예수께서 거부한 전략을 우리가 선택한다는 것은 계속해서 가능하며 사실상 있음직한 일이다. 우리의 조상이 그랬던 것처럼, 위 네 진영 중 어떤 곳에서 가장 존경할만한 이를 찾을 수도 있다. 아니면 우리가 선택한다면, 예수께서 온전한 사람의 모습으로 오셔서 주신 생명과 죽으려고 오셔서 주신 죽음을 아주 새롭고도 창조적인 방법으로 발견할 수도 있을 것이다. 우리가 회개한다면 서로 인종 간의 차이, 사회적 계급, 돈, 범죄, 지도력과 권력(때문에 '혁명적'이란 단어만이 적합한 단어이다)을 처리하는 방식을 새롭게 수용할 수 있을 것이다. "하나님의 나라가 가까이 왔다. 회개하고 복음을 믿어라!"

2. 산상수훈의 정치적 공리

우리는 제자들이 주님으로 고백하는 그 예수가 내린 윤리적 결단에 대한 묘사로 제자도의 윤리에 관한 해설을 시작하고자 한다. 역사적 갈등 속에서 개인이 내리는 윤리적 결단의 현실을 구체적으로 설명해야 한다. 그것은 현대 평화주의자가 헌신하는 가장 광범위한 해석 중 하나를 상대로 항쟁을 벌이는 일이다. 그러나 피할 수는 없다. 그것이 주장하는 바는, 평화주의란 논리적, 연역적, 비인격적인 율법주의 관점이며, 특정한 성서 본문이나 특정 윤리적 원리를 아주 엄격하게 다루면서도, 그렇게 이상적인 삶을 살아내는 것이 가능한지에 관해 의문을 품지 않는다고 주장한다. 이것이 바로 많은 사람이 "산상수훈 윤리"에 대해 갖고 있는 생각이다.

주님의 공생애는 그분의 가르침의 해석이자, 사실상의 토대가 된다는 것을 명확하게 하는 것이 무엇보다 중요한 작업이다. 우리가 **복종**하고자 하는 예수의 **가르침**에 대한 기록은 1장에서 자세히 설명했으며, 예수의 제자들이 따랐던 **사건**과 **결단**은 후대 모든 세대에게도 유효한 것이다. 복음서 저자들은 예수의 입술에서 나온 윤리적 가르침을 포함하여 그 이야기를 진지하게 기록했다. 왜냐하면, 그분이 바로 그러한 방식대로 살았고 죽었다는 것은 논쟁의 여지가 없기 때문이었다. 따라서 우리는 지금도 사도적 교회로부터 전승되어 온 그의 윤리적 가르침을 읽으면서 예수의 인격과 사역을 해석한다.

최초의 기독교 회심자들에게 일종의 교리 문답 기능으로 사용되었을 산상수훈을 간략하게 다루고자 한다. 예수가 왜 그런 길을 선택했는지 질문하지 않은 채 우리는 인간 예수가 그가 속한 사회에 미친 영향력을 관찰했다. 그렇다면 억압받는 백성이 원했던 것과 그에 따른 분명한 대안들과 관련하여 예수에게 열려 있었던 제3의 길은 무엇이었을까?

우리의 목적은 특정 본문의 상세한 해설이 아니라 예수 윤리학을 조명해 주는 논리의 요소와 공리의 증거가 무엇인지 해명하는 것이다. 본문과 역사적 예수 자신의 말을 구분하는 것은 우리의 관심사가 아니다. 이 시대의 공동체가 기독교 윤리학에서 특정한 성서 본문을 어떻게 사용하는지에 대한 진부한 논쟁을 이어나갈 필요가 없다. 다만, 조명을 위해 초기 기독교 교리문답산상수훈-편집자주의 사상적 패턴이 무엇인지를 숙고해 보려 한다. 그것은 지금까지 우리가 보아왔던 예수께서 왜 그 길을 선택하셨는지를 조명해 주며, 오늘날 우리 그리스도인들이 다수의 생활 방식과는 전혀 다른 방식으로 살아가야 하는지를 조명해 줄 것이다.

이런 목적을 위해 이 본문이 어떻게 생성되었는지를 알고자 도서관으로 가거나 비판적 논쟁을 벌일 필요는 없다.1) 윤리적 사고가 초대교회에서 어떻게 진행되었는지에 관한 근원적인 이슈를 장황하게 조사할 필요도 없다. 특히 이것이 율법에 대한 사도 바울의 사상이나 윤리적 이슈를 체계적으로 다루는 것이 어떻게 가능한지에 대한 현대적 사상과 연관될 때 더욱 그렇다. 우리는 교회나 교회 부흥에서 산상수훈이 어떻게 새로운 율법으로 기능 하는지를 이해하려는 것이 아니다.2) 예수에 대한 기록 중 얼마나 많은 부분이 그전에는 절대 다루어지지 않았는지를 밝히는 것도 우리의 관심사가 아니다.3) 다만 가장 광범위하면서도 자명한 윤곽, 즉 예수께서 말씀하신 도덕 이슈의 가장 폭넓은 뼈대를 이해하려고 할 뿐이다. 우리의 관심사는 산상수훈을 자세하게 분석하는 것이 아니라, 다른 문화와 시대에서도 계속 적용될 수 있는 산상수훈의 구조와 논리가 무엇인지를 밝히는 것이다.

그것을 진지하게 받아들이는 사람들이 직면해야만 하는 의문과 도전을 충분히 인식할 때 이러한 설명이 가능해진다. 이러한 논증과의 직면은 이 책 후반부에서 다루기로 하자. 여기서는 단순한 논쟁이나 평가는 하지 않고, 그 교사예수의 생애의 독창성과 일치하는 본문의 독창성을 설명하고자 한다.

회개의 윤리학

마태복음은 첫 장에서부터 예언이 성취되는 새 시대가 가까웠다는 점을 명확하게 보여주기 위해 모든 것이 치밀하게 계산된 상태로 시작한다. 이스라엘 역사에서 획기적인 주요 사건을 거슬러 올라가는 족보는 세 번째 순환의 마지막에 예수의 탄생을 배치한다. 천사의 고지와 함께 예수의 기적적인 탄생을 동방 박사들이 인지하였다. 침례세례 요한의 사역은 곧 출현할 위대한 인물을 예고하였다. 침례세례와 광야의 시험은 이 사람의 미래 사역을 드러내 주었다. 그는 12명의 제자를 부르셨다. 그 숫자가 이미 이스라엘을 재구성하겠다는 의지를 상징적으로 보여준다. 이 모든 것은 새 시대가 이제 막 시작되고 있음을 극적으로 선포한다.

하지만, 우리의 목적을 위해서는 예수께서 이 시대의 개막을 선포함으로써 자신의 개인적인 사역을 시작하셨다는 것을 기록하는 것만으로도 충분하다.

이때부터 예수께서 비로소 전파하여 이르시되

회개하라 천국이 가까이 왔느니라 하시더라. 마4:17

예수께서 온 갈릴리에 두루 다니사

그들의 회당에서 가르치시며

천국 복음을 전파하시며

백성 중의 모든 병과 모든 약한 것을 고치시니

그의 소문이 온 수리아에 퍼진지라.

사람들이 모든 앓는 자

곧 각종 병에 걸려서 고통당하는 자, 귀신 들린 자, 간질하는 자,

중풍병자들을 데려오니 그들을 고치시더라.

갈릴리와 데가볼리와 예루살렘과

유대와 요단 강 건너편에서

수많은 무리가 따르니라. 마4:23~25

침례세례 요한의 메시지를 문자 그대로 반복하면서 예수는 새로운 시대가 동터오고 있다고 말한다. 요한을 넘어서서 그는 표적과 실례를 통해 임박한 하나님나라의 치유하는 능력을 예시하였다. 이러한 기사가 지닌 첫 번째이자 근본적인 뜻은 우리가 예수 안에서 그의 제자들을 위해 새롭고, 전대미문의, 놀라운, 심지어는 교양 있는 사람들조차도 받아들이기 어려운 삶의 방식을 기대하라는 것이다.

교회사는 수 세기 동안 가톨릭의 참회 원칙 전통과 개신교의 개인의 온전성에 대한 관심 때문에, 침례세례 요한과 예수께서 "회개하라! 천국

이 가까웠다"라는 설교를 시작했을 때, 그들이 의미했던 내용을 철저히 오해하도록 가르쳤다. '회개' 하면 우리는 죄에 대한 양심의 가책, 후회, 슬픔 등을 생각한다. 그러나 그들이 요구했던 것은 이해의 변혁metanoia, 새로운 세계 속에서 살 준비가 된 의지의 재조정을 의미하였다.

그분의 일관된 가르침은 '상식' 이나 '현실주의' 또는 '이성' 의 기준에 따른 평가를 거부한다. 오히려 그것은 전혀 새로운 임박한 하나님나라를 증언한다. 그런 이유로 예수는 우리를 위해 회개 혹은 회심의 도덕성을 설명하는 것이다. 그것은 모든 사람이 행복해지기 위해서 할 수 있고, 또 해야만 하는 처방전이 아니다. 그의 가르침은 어떻게 사회를 최선으로 안내할 것인가에 관한 설명서가 아니라, 예수를 만난 후 인생이 변화된 사람이 어떻게 살아가야 할지를 일러주는 설명서이다.

제자도의 윤리학

"예수께서 무리를 보시고 산에 올라가 앉으시니 제자들이 나아온지라 입을 열어 가르쳐 이르시되"마5:1~2 모세가 산에서 하나님을 만나 십계명 서판을 받았을 때, 이 율법은 모든 이스라엘 자녀를 위한 것이었다. 예수께서 또 다른 산에서 다시금 그의 통치 강령을 선포하셨을 때, 이것은 그의 제자를 향한 것이었다. 이것은 세상의 모든 사람이나 비신자들에게 제시하는 윤리적 기준이 아니었다. 이런 기준을 사용하는 사람이 그것에 따라 믿지 않는 세상을 통치할 수 있다거나, 번영하고 유명해질 것이라고 제안하지 않는다. 제자도의 윤리학은 달성하려는 목표에 따라서 인도받는 것이 아니라, 주님의 눈으로 성찰해야 한다. 그것은 '성공' 이나 '효율성' 보다는 그분에게 더 많은 관심을 기울인다. 자발적으로 그의 제자단에 가입한 사람에게만 구속력이 있다. 그것은 그들이 사회에서 소수자가 될 것이라고 전제한다. 모든 사람이 그들처럼 행동한다면 세상이 어떻게 될까라는 물음에 즉각적으로 대답할 필요도 없다.

사회적 대격변에 대한 사상은 사회적으로 혜택받지 못한 수많은 사람이 새로운 질서하에서 그들의 차지하게 될 특권에 대한 비전을 호소한다. 종종 이런 비전은 비현실적이다. 특히 우리 시대에 많은 사람은 국민 주권에 대한 접근이 식민지배 아래에 있었을 때 그들이 희망했던 그런 축복이 아님을 경험하고 있다. 그럼에도, 사회 변혁의 주요 원동력의 하나는 새로운 질서가 얼마나 용인될지에 대한 기대감으로 이어진다.

예수 또한 장차 오는 세대에 기뻐할 수 있는 사람이 누구인지를 선포함으로써 그의 도덕적 혁명을 시작한다.

> 심령이 가난한 자는 복이 있나니,
>
> 온유한 자는 복이 있나니,
>
> 긍휼히 여기는 자는 복이 있나니. 마5:1~7

가톨릭이든 개신교든 도덕적 타협의 유산 때문에, "팔복"을 성과와 보상이라는 도식으로 오해해 왔다. 온유해라. 그러면 땅을 유업으로 받게 될 것이다. 마음이 청결해라. 그러면 하나님을 볼 것이다. 이런 오해는 팔복을 새로운 체제가 임했음을 알려주는 수태고지와 분리시킬 때 발생한다. 단순히 결심을 한다고 해서 "애통하는 자" 또는 "의를 위해 핍박을 받는 자"의 삶을 시작하지 않는다. 예수는 오히려 말씀하신다. "의에 주리고 목마른 자들 복이 있다. 왜냐하면, 하나님나라가 가까웠고 그들은 배부를 것이기 때문이다. 평화를 만들어가는 사람들은 복이 있다. 하나님의 나라가 가까웠고 그들은 하나님의 자녀라고 알려질 것이다.” 크리스텐둠Christendom은 하나님나라에서 공간을 확보하는 문제도, 지시에 대하여 맹목적으로 복종하는 것도 아니다. 그렇다고 느끼는 대로 행동하는 것도, 최선의 결과를 얻으려는 방법을 계산하는 것도 아니다. 그것은 하나님나라가 다가올 때 그 자신을 그 나라에 부적합한 자가 아닌, 그곳에 편안함을 느끼고, 그에 합당한 삶을 사는 사람들로 발견되기를 사모하는 것이다.

증언의 윤리학

너희는 세상의 소금이니

소금이 만일 그 맛을 잃으면

무엇으로 짜게 하리요?

후에는 아무 쓸 데 없어

다만, 밖에 버려져 사람에게 밟힐 뿐이니라.

너희는 세상의 빛이라

산 위에 있는 동네가

숨겨지지 못할 것이요

사람이 등불을 켜서

말 아래에 두지 아니하고

등경 위에 두나니

이러므로 집 안 모든 사람에게 비치느니라.

이같이 너희 빛이

사람 앞에 비치게 하여

그들로 너희 착한 행실을 보고

하늘에 계신 너희 아버지께 영광을 돌리게 하라. 마5:13~16

교회는 빛과 향기의 원천이 되어야 한다. 자신의 영광이 아니라 아버지의 영광을 위해 교회의 착한 행실은 가시적으로 드러난다. 그것들은 숨길 수 없다. 교회의 행실이 언어이다. 마태복음 5장 후반부에서, 선행에 인색하고 계산적인 사람들을 향해 "무슨 상을 받겠느냐?"46절라고 물으셨다. 즉, 주변 세상과 소통하는 제자들의 행동에 뭔가가 있다고 가정하고 있다.

지금까지 우리는 예수의 가르침의 구조, 전제와 가정을 소개했다. 우리의 목적은 그 가르침의 본질, 특히 원수, 권력, 전쟁과 관련된 요체를 파악하는 데 있다. 교회의 행실이 곧 증언이라는 이 진술이 핵심 사상이다. 우리의 행실은 특정 규칙에 적합한지로 평가되어서도 안 되며, 그 행실이 성취하고자 하는 결과나, 그것이 '말하는 내용' 에 의해 평가되어서는 안 된다.

원수로 생각하는 그에게 나는 하나님의 사랑을 무엇으로 전달할 수 있단 말인가? 단지 태어난 것 하나만으로 서로 다른 깃발 아래 살게 할 때, 그리하여 그와 내가 원수로 간주할 때, 나는 개인의 책임에 관해 무엇을 말할 수 있겠는가? 통치자의 죄로 말미암아 그 사람을 벌해야 한다면, 나는 용서에 대해 무엇을 말할 수 있을까? 극도의 갈등 상황에서는 누구라도 그렇게 될 수밖에 없으며 나의 조국, 안보, 내가 선호하는 정치적 질서를 위해 그의 생명을 희생시키는 것이 나의 의무라고 최종적으로 말한다면 어떻게 복음 곧, 좋은 소식과 화해할 수 있겠는가?

인간의 생명은 본질적으로 신성하다는 생각은 특별히 기독교적인 사상만은 아니다. 하지만 복음 자체, 즉 그리스도께서 그의 원수를 위해 죽으셨다는 메시지는 이웃, 특히 원수의 생명에 대한 궁극적 책임이 우리에게 있는 이유이다. 우리 뜻대로 그를 처분할 수 없다고 우리 자신에게 말해야 한다면, 우리는 마찬가지로 그에게도 그렇게 말할 수 있어야 한다.

성취의 윤리학

> "옛 사람에게 말한 바… 것을 너희가 들었으나,
> 나는 너희에게 이르노니." 마5:21 이하

이 장마5장-편집자주의 나머지 구조도 이와 유사하다. 이 구절은 구약과는 근본적으로 다른 요구를 하고, 그렇게 함으로써 구약을 거부하는 것으로 해석되곤 했다. 구약은 원수에 대한 증오를 허용했다. 지금 예수는 그를 사랑하라고 요구한다. 맹세가 그때구약에는 요구되었지만 이제 신약는 금지된다. 전에는 복수가 요구되었지만, 이제는 거부된다. 게다가 이 본문은 "폐하러 온 것이 아니라 완성하러 왔다"는 약속으로 시작되지 않는가.

고전적인 개신교적 도피 수법으로 문제를 해결하려고 하지 말자. 일부 개신교도들은 교리의 다른 영역과 신약의 다른 부분을 오고 가면서, 예수는 율법학자들과 바리새파 사람들의 의를 넘어서는 "보다 큰 의"를 요구하셨는데, 이는 거저 주시는 의가 신앙하는 죄인에게 전가된, "행위에서 난 것이 아니니 누구도 자랑치 못할", 하나님 앞에서의 깨끗함이라고 말한다. 이것이 그리스도께서 율법의 마침이 되셨다는 의미에서 "율법의 성취"라는 것이다. 결코, 충족시킬 수 없는 불가능성으로 우리를 몰아넣은 율법의 요구는 나만을 구원코자 하는 신앙으로 우리를 인도한다.

하지만, 예수의 목적이 구원을 위한 행위의 무익함을 가르치려는 것이었다면, 그의 요구가 기이하다는 것을 그렇게 자세히 가르칠 필요가 없었을 것이다. 그런 관점에서 구약의 율법은 이미 감당할 수 없을 정도로 너무 버거워졌다. 더는 치장할 필요조차 없다. 이신칭의 교리만을 적용하는 것은 해답이 아니다. 그 질문에 대한 대답은 서로 다를 것이다. 서기관들과 바리새인이 율법을 지켰기 때문에 예수가 그들을 비난했다는 식으로 해석한다. 하지만, 사실상 예수는 그들이 율법을 지키는 데 있어서 너무 쉽게 만들어 버렸기 때문에 그들을 질책하고 있다.

'성취' 와 "내가 너희에게 말하노니" 사이의 뚜렷한 모순은 실재하지 않는다. 실제로 예수가 적대감, 간음, 맹세, 보복에 대해 말씀하실 때 거절한 것이 율법일까? 그는 토라나 그 의도에 문제를 제기하는 것일까?

우선, 예수는 그가 인용한 "네 이웃을 사랑하고 원수를 미워하라"는 본문을 직접적으로 부정한다. 이제 "네 이웃을 사랑하라"는 율법 속에 존재하나 "네 원수를 미워하라"는 그렇지 않다. 다른 두 경우살인과 간음 금지 규정에서, 그는 더욱 오래 된 규정은 바꾸지 않고 오히려 그 의도의 적용을 상당히 강조한다. 살인과 간음의 금지는 여전히 존재한다. 예수에게 있어서 이러한 금지된 행위 이면에서 살인이나 간음의 의도를 분별하는 것은 상호 모순이 아니다.

나머지 세 가지 대조는 이전구약의 율법이 실제로 의도했던 바를 파악할 때 이해하게 된다. 예수께서 더 충분하게 설명하신 이혼에 대한 조항신24장은 "마음의 완악함"마19장 때문에 허락해 준 것이었다. 하지만 그런 제약 속에서도 그것은 결혼의 안정과 여성의 존엄함을 지키는 효과가 있었다. 신명기 24장은 이혼의 승인이 아니다. 이혼에 권위를 부여하는 것도 아니다. 이미 이혼이 발생한 곳에서, 버림받아 재혼한 아내가 두 번째 결혼이 첫 번째 결혼처럼 파행을 맞아 값싸게 버려져서는 안 된다고 말하고 있다. 이전 율법을 수정하신 근본 관심은, 첫 번째 결혼을 파기하면서 재혼을 해서는 안 된다는 사실을 예수께서는 일관성 있게 말씀하고 계시는 것이다. 마찬가지로 고대 이스라엘 배경에서 "눈에는 눈, 이에는 이"와 같은 조항도 복수의 제약을 의미하였다. 당사자나 혹은 친족이 보복해서는 안 되며, 이는 당국이 할 일이며, 가해자가 행한 것과 같은 수준으로 (보복의 수준은) 엄격히 제한되어야 한다. 비록 예수가 보복의 폐지를 강력하게 한 걸음 더 밀고 나갔을지라도, 그것은 고대의 율법조항과 같은 방향성을 띠고 있다. 마찬가지로, (법정에서) 맹세할 때 진실만을 말하라고 요구하면서 시작했던, 진실과 하나님의 이름을 준準미신적으로 사용하는 것을 제한한 조항 그 자체는 하나님 이름의 남용이고, 부정직을 용인하는 것으로 그 자체가 맹세를 거부하는 방향으로 한 걸음 내딛는다.

예수가 의미했던 '성취'란 예전의 윤리적 지침의 의도를 문자적으로, 온전히 이룬다는 점에서 완전한 성취이다. 따라서 그것은 구약의 전면적인 부정이 아니라, "서기관들과 바리새인의 의"라는 당대의 전통적 해석의 부정이었다. 일반인에게 지침을 제공하기 위해 성서에서 윤리적 가르침을 끄집어내려고 노력하는 우리와 마찬가지로, 서기관들과 바리새인 역시 진지하고도 경건했으며, 선의의 사람들이었기 때문에 그들이 했던 실수가 무엇인지를 묻는 것은 단순히 역사적인 문제에만 그치지 않는다.4)

"율법학자들과 바리새인의 의"가 가진 첫 번째 특징은 기준을 성취 가능한 것으로 만든다는 사실이다. 누군가를 여전히 미워하고 있으면서도 이웃을 사랑하는 것은 가능한 일이다. 예루살렘이나 하늘을 두고 맹세할 때, 약간은 속일 수 있는 여지를 남겨 둔다 할지라도, 주 하나님의 이름으로 엄격하게 맹세를 지키는 것은 가능한 일이다. 여전히 음욕과 미움을 간직하고 있으면서도 살인과 간음을 하지 않을 수 있다. 따라서 우리의 도덕성을 우리의 수단에 꼭 맞도록 재단하려고 노력함으로써 규칙을 지켰다고 우리 자신을 정당화할 수 있다. 논리적인 악순환이 이어진다. 우리는 우리가 할 수 있는 한, 자신을 정당화하기를 원한다. 달성 가능한 범위 안에서 우리의 목표를 설정한다. 우리는 하나님의 나라가 가까웠다는 것이 진실이 아닌 것처럼, 자신을 위해, 회개하지 않고도 다루기 쉬운 윤리를 만들어 낸다.

이런 유혹은 여전히 우리 속에 존재하며, 특히 이곳에서의 특별 관심사인 폭력과 국가 이기주의 문제에서 도드라진다. 대다수 신학자가 산상수훈을 다른 기준으로 대체하고 싶어 하는 이유가 바로 이 때문이다. 그들은 가능한 것, 우리의 자녀들에게 가르칠 수 있는 것, 당신의 모든 교구민에게 요구 가능한 것, 인간이 현실적으로 달성할 수 있는 목표를 원한다. 만일 우리의 목표가 윤리적인 멘토, 자기를 정당화하는 문화의 '설교자들', 군대의 군목이 되려면, 이것은 대단히 논리적인 욕망인 셈이다. 예수는 이 목표가 하나님나라의 전령자가 되는 것과 같지 않다고 비판한다.

"율법학자와 바리새인의 의"가 가진 두 번째 특징은 그것이 외향적이고도 접근 가능하다는 데 있다. 우리는 표면적인 수준에서 구체적인 행동을 옳고 그름으로 규정하고 금지한다. 마음이 순수한지는 말할 수 없고, 다만 살인과 간음만을 밝힐 수 있을 따름이다. 우리는 한 사람이 자신의 아내를 평생 사랑하게 할 수 없고 다만 이혼 소송은 합법적이라고 주장할 따름이다. 정당성이 사랑이라는 기준을 대체한다.

세 번째 특징은 외향성과 성취 가능성에 함축되어 있다. 율법학자와 바리새인의 의란 합리적 수준의 정당한 자기 이익을 전제한다. 자아 훈련은 요구하지만 자기 부인은 요구하지 않는다. 절제와 중용은 요구하나 금욕은 요구하지 않는다. 멍에를 메라고 하지만 십자가를 지라고는 말 못한다. 오늘날에도 마찬가지다. 국가든 개인이든 생존의 순간에는 도덕적 엄격성을 제한한다. 거짓말하지 말라(당신의 생명과 국가를 구해야 하는 위기상황을 제외하고는). 살인하지 말라(살인자를 제외하고는살인자는 죽여도 무방하다는 뜻–편집자주). 다른 사람이 너를 의지하지 않는다면 너 자신부터 지켜라. 서구 개신교는 로마 가톨릭, 특히 예수회의 고백적 결의론casuistry이 인간의 필요와 욕구에 도덕법을 너무 쉽게 조화시킨다고 전통적으로 비난하였다. 그러나 모든 전통은 이러저러한 방식으로 그렇게 하고 있다.

완전한 사랑의 윤리학

첫 번째와 마지막을 포함하여 예수께서 제시하신 여섯 가지 예시 중 세 가지는 적대감, 폭력, 보복의 영역에 속해 있다. 따라서 이 영역에 우리의 관심을 집중한다면 예수의 핵심 관심과 위배되지 않는다. 산상수훈을 조직신학적 논쟁의 주제로 만드는데 가장 크게 공헌한 이 장의 마지막 구절을 다른 번역본에서는 "온전한"이란 단어를 사용한다.

나는 너희에게 말한다.
너희 원수를 사랑하고, 너희를 박해하는 사람을 위하여 기도하여라.
그래야만 너희가 하늘에 계신 너희 아버지의 자녀가 될 것이다.
아버지께서는, 악한 사람에게나 선한 사람에게나

똑같이 해를 떠오르게 하시고,

의로운 사람에게나 불의한 사람에게나 똑같이 비를 내려주신다.

너희를 사랑하는 사람만 너희가 사랑하면,

무슨 상을 받겠느냐?

세리도 그만큼은 하지 않느냐?

또 너희가 너희 형제자매들에게만 인사를 하면서 지내면,

남보다 나을 것이 무엇이냐?

이방 사람들도 그만큼은 하지 않느냐?

그러므로 하늘에 계신 너희 아버지께서 완전하신 것 같이,

너희도 완전하여라.(너희 하늘 아버지의 선하심이 한계를 모르시듯,

너희의 선함에도 제한이 없어야 한다저자번역)마5:44~48, 새번역

만일 사람들이 모두 이 구절들을 보다 세심하게 읽는다면, 그리스도
인들이 "완전"해질 수 있고, 그렇게 되도록 노력해야만 하고, 그걸 기대
한다는 것이 어떤 의미이고, 그렇게 될 수 있는지를 보다 결실 있는 추
론을 내놓았을 것이다. 만일 "완전한"이란 용어를 절대적으로 흠 없는
최종적인 성장에 도달하는 것으로 목표를 삼는다면, 이 명령은 신학과
영혼의 치유에 큰 문제를 일으킬 수 있다. 예수께서는 우리의 친구들만
을 사랑해서는 안 되는데, 이는 하나님께서 당신의 친구만을 사랑하시
지 않았기 때문이라고 말씀하신다. 마태복음 5장 45절과 누가복음 6장
의 병행 구절은 분명하다. 우리는 바로 이 지점에서 "하나님을 닮으라"
는 요구를 받고 있다. 그분의 전능함이나 영원성, 죄 없음이 아니라 차
별 없는, 조건 없는 그분의 사랑의 특성을 닮으라는 것이다.5) 이것은 오
랜 기간의 성장이나 성숙의 결실이 아니다. 그것은 상상할 수 없는 것

도, 불가능한 것도 아니다. 우리가 믿는다면 내일이라도 할 수 있다. 조건 없는 하나님의 자비를 이해하고 깨닫는 순간, 우리는 사랑하는 사람만을 사랑하고, 믿을 수 있는 사람에게만 빌려주고, 고마워하는 사람에게만 주는 것을 멈출 수 있다. "너희 하늘 아버지의 선하심이 한계를 모르시듯, 너희의 선함에도 제한이 없어야 한다."

이것은 전쟁과 정당한 방어 문제에 대한 핵심 중 하나이다. 생명을 앗아가는 것을 허용할 수 있다는 주장은 모든 권리와 공적인간의 공적 혹은 공로로 구원을 받을 수 있다는 공적주의를 뜻한다-편집자주이라는 계산에 근거한 것이다. 나는 외국인의 생명보다 나에게 가장 가까운 사람들의 생명을 더 소중히 여긴다. 또는 문제아의 생명보다는 무고한 자의 생명을 더 소중히 여긴다. 왜냐하면, 당연히 모든 사람이 그러하듯이 나의 사랑은 조건적이고, 제한적이며, 자연스럽기 때문이다. 예수께서는 이방인에 대해서 이러한 평범한 이기적 특성을 비난하지 않았다. 그분은 "무슨 상을 받겠는가?"라는 말씀과 함께 그러한 이기적 특성에 대해서 새로울 것도, 특별할 것도, 구속적 혹은 치유적인 것은 존재하지 않는다고 말씀하신다. "완전한 사랑"이란 그 사랑을 받을 만한 사람에게만 제한된 것이 아니다. 그 사랑은 자기 뜻에 순응하도록 강요하는 사람들의 부당한 요구를 초월한다. "악한 자를 대적하지 말라 누구든지 네 오른편 뺨을 치거든 왼편도 돌려 대며"마5:39

이것이 바로 '비저항' nonresistance, 통상 무저항으로 번역된다. 하지만, 무저항은 어떠한 저항도 하지 않고 체념하는 수동성을 부각시키는 주류 진영의 의도가 개입한 단어이다. 폭력적으로 항거하지 않고 다만 비폭력적으로 저항한다는 의미이다. 그래서 비저항이라는 단어로 번역한다.-편집자주이란 명칭의 기원이다. 이 용어는 '비폭력' nonviolence보다 더 강력하고 더 정확하다. 왜냐하면, 인간은 외적인 폭력을 사용하지 않으면서도 다른 사람을 미워하거나 경멸할 수 있고, 정복하거나 짓밟을 수 있기 때문이다. 그렇지만, 이 용어는 또한 혼란스럽기도 하다. 이것은 이 개념을 거부하는 사람들에 의해 악한 자의 의도에 대한 나약한 수용, 그의 악한 목적에 대한 체념을 의미하는 것이라고 해석됐다. 이것은 그 본문이 요구하는 바가 아니다. 우리에게 강요하는 자에게 1마일 더 가고, 겉옷까지 주는 일은 그의 목적이 아닌 그 사람을 위한 것이다. 우리가 거절하는 '저항'은 일종의 악을 악으로 갚는 반응이다.6) 하지만 그 대안은 예수의 구상 속에서는 복잡한 것이 아니다. 대안은 자신의 목표를 거절당하고, 악에 굴복당한 사람에 대한 창조적 관심이다.

옛 언약에서 한쪽 눈에는 오직 한쪽 눈만으로 보복을 제한했던 것이 이제는 공격한 사람을 구제redemption하기 위해 필요한 특별한 사랑의 척도가 되었다. 이것이 "완전한 사랑"이다. 이것이 바로 율법이 일점일획도 없어지지 않고 다 성취된다는 의미이다.

능가의 윤리학 An Ethic of Excess

우리가 막 보았고, 예수께서 제기하신 질문의 논리는 예수의 제자가 살아갈 삶의 지침pointer이 된다. "남보다 나을 것이 무엇이냐?"마5:47; 새번역는 예수에게는 적합한 질문이지만, 윤리학의 일반 담론은 평균적 타자(보통사람)에 의해 자신을 평가한다. 바로 여기에서부터 기대치를 넘어서는 일정 권리, 즉 평균적 수준을 거절하는 능가의 윤리학이 존재한다. 이렇게 하는 이유는 (윤리적 증언에 대해서 언급했던 것처럼) 관심사가 가시적이지 않기 때문이며, 예수께서 타당한 동기로서 충분히 제쳐 두신 특별한 종류의 특권이나 장점의 축적으로 해석될 수 있는 것도

아니기 때문이다. 상황에 따라 제공된 모델이나 선택 혹은 기회에 의해
하나님은 사랑이시라는 속성이 제한받아서는 안된다는 것이 요지다. 그
것은 일반 모델을 능가하는 사건이 기준이 되기 때문에 더욱 그러하다.
현대적 스타일의 특정한 윤리학이 "그 상황이 내게 어떤 선택의 기회를
제공하는가?" 또는 훨씬 더 피상적으로 "그 상황은 어떤 행동을 요구하
는가?" 등을 묻는다면, 대신에 예수께서는 "현 상황에서 생명을 주시는
성령의 능력이 일반 수준의 모델과 선택을 넘어서서 신적 임재의 증언
이 될 새로운 일을 행할 것인가?"라고 물으실 것이다.

화해의 윤리학

예수께서는 개인이 가진 마음의 의도까지 나아감으로써 "살인하지
말라"는 의미를 성취하신다. "형제에게 노하는 자마다 심판을 받게 되고
형제를 대하여 라가라 하는 자는 공회에 잡혀가게 되고 미련한 놈이라
하는 자는 지옥 불에 들어가게 되리라"마5:22.

이 세 가지 선택은 단순히 히브리 성경의 병행 구절이 아니지만, 모두
가 같은 내용을 말한다. 의미심장하게도 세 가지 징계는 지역 마을 장로
들의 재판으로부터 국가 공의회와 지옥 불에 이르기까지 대단히 가혹한
것이다. 자발적이고 공개적인 분노의 표현으로부터 '바보'라는 말은 더
욱 계획적이다. 그리하여 보다 문자적이고도 냉담한 거부에 이르기까지
위반은 더욱 내면화된다.

가장 심각한 미움은 행동이 아니라 형제를 향한 내면의 태도에서 나
타난다. 그렇다고 많은 윤리 사상가가 "내면적 의도"의 우선성을 말할
때 의미하는 바와 같은 개념도 아니다. 그들의 사상 속에서 이 개념은
누군가의 소망이 선하다면 그들의 행동으로부터 나타날 것이며, 하나님

께 영광을 돌리길 원한다면, 또는 그 사람이 비이기적이면 살인을 포함한 어떤 행동도 정당화될 수 있다. 그러나 여기에서 핵심 '의도'는 **형제**에 의해서 판단될 수 있다. 본문은 계속해서 말씀한다. 형제와 화해하지 않은 채 하나님께 예배를 드릴 수 없다.7) 예수께서는 한 손으로는 살인 금지와 다른 손에서는 이웃 사랑을 대조하지 않으신다. 이웃 사랑의 원리를 위해 살인을 저지를 수 있기 때문이다. 예수는 인본주의 철학이나 사람에 대한 절대적 가치나 창세기 9장의 피의 제사가 아니라, 하나님과의 교제라는 거울이자 수단을 인간과 인간 사이의 교제 중심에 둠으로써 살인 금지의 의도를 완성하신다.

요약

우리는 전쟁의 문제를 조명하기 위해 산상수훈을 읽기 시작했다. 전문 신학자들이 하는 것 마냥, 다른 뺨을 돌려대라는 예수의 명령이 공식적이고 절대적으로 합법적인지, 이웃의 생명을 앗아가면서 그를 사랑하는 것이 가능한지와 같은 것들을 묻지 않았다. 이 본문이 예수께서 친히 하신 정확한 말씀인지, 특정 산에서 특정한 날에 이 형태로 정확하게 말씀하셨는지, 그분 가르침의 요약으로서 초대교회의 기억으로부터 현대의 형태가 전수됐는지를 묻지 않았다. 단지 우리는 예수의 윤리적 가르침에 대한 보다 폭넓은 틀을 관찰했다. 그분의 인격과 사역에서 하나님 나라의 도래에 대한 의존, 기이함, 기적, 가시적 증언의 기대, 하나님의 제한 없는 사랑으로부터의 파생 동기와 행동의 일치. 이 빛 속에서의 이웃 사랑, 심지어 이웃에 대한 조건 없는 사랑, 부당하게 고통을 겪을 준비 지점까지 원수를 사랑하는 것은 이해 가능하며, 실제로도 가능하다. 가능할 뿐만 아니라 하나님의 사랑의 본질과 그분의 나라에 대한 가장 적절한 증언이다.

궁극적으로 예수께서 우리에게 행하라고 했기 때문에 이웃을 사랑하는 것이 아니다. 하나님이 사랑이시기 때문에 우리도 이웃을 사랑한다. 예수께서 이성과 정의의 한계를 초월하여 사랑해야 한다고 말씀하셨기 때문도 아니다. 심지어 살인을 거부하고 고난받는 지점에 이르는 것은 하나님 또한 그와 같은 분이기 때문이다.

---

1) 마태복음서 전체, 특히 마태복음의 확장된 강화는 구체적인 교리문답식 기능을 위해 초대교회가 유지해 왔고, 전수해 온 것이라고 학자들의 합의가 모이고 있다.

2) 우리 시대의 많은 윤리적 사상에 있어서 도덕률 폐기론자(antinomian)의 분위기는 하나님의 갱신된 율법이란 개념이 하나님 백성의 구성과 갱신에 일차적인 초점이었다는 상황을 인식하는 방식이어서는 안 된다. 산상수훈에 대한 가장 일반적으로 적합한 예는 갱신 운동, 즉 중세 시대의 제롬(Jerome)이나 프라하의 누가(Luke)가, 그 후에는 피터 첼시키(Peter Cheltchitzki)와 형제단교회(Unitas Fratrum)에 의해 대표되는 수도원이나 분파 운동이다. 참조. Geoffrey Nuttal, "The Law of Christ," in *Christian Pacifism in History*, Blackwell, 1958, pp. 15-31.

3) 반복적으로 등장하는 "옛 사람에게 말한 바… 것을 너희가 들었으나 나는 너희에게 이르노니"라는 구절은 종종 예수님 시대의 유대 사상에 대해 예수께서 반대하신 것으로 설명되고 있다. 이것은 산상수훈을 잘못 해석하는 것으로 그야말로 심각한 오해이다. 예수께서 보여주고자 했던 것은 그 당시의 최상의 유대 사상이었고, 히브리 사회 내에서 수 세기 동안 갱신운동이었던 예언자적, 랍비적 전통의 정점이었다. 예수께서 말씀하신 "…것을 너희가 들었으나. 그러나 너희가 들었으나" 라는 구절 이전에 언급된 예수님 말씀의 대부분은 율법으로 제정된 협소한 학문적 정교함에 대해 언급한 것이다.

4) 이 시대의 많은 그리스도인은, 고대 기도문에서 유대교에 대한 비난이 고스란히 간직되어 있고, 복음서에서 몇 가지 논란이 되는 구절들이 갖는 렌즈를 통해서만 유대인들을 봄으로써 그들을 오해하는 경향이 있음을 알고 있다. 더 광범위한 역사적 분석을 토대로 한 학파의 해석에 의하면, 예수께서 유대교 바리새파의 한 분파에서 기인하였으며 그 안에서 사역했다는 결론을 내렸다. 산상수훈은 그 자체가 랍비적이면서

도 바리새파 전통 속에 존재하는 자료이다. 예수께서 "바리새파의 의"라고 이름 붙인 것을 우리는 보편적 인간의 유혹과 기독교적 유혹으로 분석한다. 우리는 1세기의 바리새주의에 대한 역사적 진술을 하는 것도 아니고, 몇 가지 특별한 유대적 악을 판단하는 진술을 하는 것도 아니다. 개신교와 가톨릭 사상의 주요 성분은 규범적 유대교보다도 더 많은 주제거리가 되고 있다.

5) 가장 근접한 의역 중 하나는 C.C. Torrey의 표현이다. "하늘에 계신 아버지께서 모든 사람을 포용하듯이 (당신의 선의에서) 모든 사람을 포용하는 자가 되십시오." *The Four Gospels*, Harper, New York, 1933, p.12.

6) 이 효과에 대한 학문적인 진지한 의견이 있는데, 이는 '저항'이 특히 누군가가 겪는 악에 대항하고자 하는 법적 의지를 언급할 때를 의미한다. Cf. Stuart Currie: *"마태복음 5:39; Resist or Protest?"* Harvard Theological Review, 1964년 4월호, p. 140. 이 본문에서 "저항하지 말라"와 마7:1 이하에서 "판단하지 말라"에 대하여 톨스토이는 같은 해석을 제시하고 있다. 그것은 고전 6:1 이하의 교훈을 한 단계 강화시킨 것이다. 바울이 조목조목 설명한 것처럼, 모욕에 대한 반응으로서 법적 조치를 하는 것은 이교도 당국의 윤리적 주권을 인정하는 것이기 때문에 문제가 된다. 법정 절차를 회피하기 위한 관심은 단순히 실용주의적 근거로 예수가 권고한 것이기도 하다(마 5:2 이하). 그것은 단순히 일반적인 윤리적 관심에 대한 극적인 예가 아니다. 그 자체는 표준적인 초기 기독교적 에토스의 일부분이다.

7) 두 가지 근본적인 화해는 두 가지 간결한 일화의 이미지로 설명된다. 법정으로 가는 한 형제와 함께 하는 것과 성전으로 가는 길에 한 형제에게서 떨어지는 것. 두 경우 모두 가서 형제와 화해하라는 명령이다.

마르틴 니묄러(Martin Niemoeller)는 두 이야기에서 놀라운 사실은 우리가 집중해야 할 문제, 즉 갈등 상황 속에서 누가 옳고 그르냐에 집중하지 않는다는 사실이다. 갈등 해결에 대한 우리의 일반적인 이해는 누가 옳은지, 누가 사과해야 하는지에 대한 우선적인 판단을 요구한다. 그런 가정은 이곳에는 나타나지 않는다. 어떤 경우이든, 하나님께 제물을 가지고 나아가면서 교도소에 들어가지 않으려면 나의 할 일은 관계를 회복하는 것이다. 어떤 경우이든 내가 죄인이거나, 최소한 법정은 나를 그런 부류로 판단할 것처럼 보인다. 이것은 "살인하지 말라"에 대한 내면적 의미를 설명하기 위한 강조이다. "살인하지 말라"는 단순히 "목숨을 부지하기 위한 것"이 아니라 "어떤 대가를 치르고서라도 화해를 도모하라"는 것으로 발전한다.

3. 그리스도가 진짜 주님이라면

기독교 사상은 시간이 흐를수록 그리스도인의 삶에서 기독교적 희망이 갖는 중요성에 관심을 기울이고 있다. 기독교 사상은 2차 세계대전이 일어나기 전 수십 년간 가까운 장래에 도래할 인간의 형제애를 희망하였고, 따라서 종말론에 허비할 시간이 없다고 생각했던 사상가나 설교가에게 강력한 영향을 받았다. 그런데 바로 그 종말론이라는 단어가 그들을 공포로 몰아넣었다. 그 단어는 기괴한 성찰을 암시하는 것처럼 보였고, 세계의 실제적인 필요와는 상관없는 광기 어린 눈을 가진 미치광이처럼 보였다. 현실 사회에 대한 관심과 날짜를 못 박는 것을 회피한다고 했지만 그들 역시 나름의 종말론을 가지고 있었다. 삶의 의미를 확신할 수 있다는 단순한 자신감은 그 자체가 궁극적인 것에 관한 교리인 종말론이다. 비록 의문의 여지가 있고, 부분적으로는 무의식으로, 직접적으로는 기독교 토대에 근거하지는 않을지라도 말이다.

세계교회협의회WCC의 계획은 에반스톤Evanston에서 신학적 숙고의 핵심에 기독교적 희망을 설정하는 것이었다.1) 이는 역사와 인간의 노력이란 하나님의 계획에 의해서만 이해할 수 있다는 인식에서 비롯된다. 삶을 궁극적 목표의 견지에서 볼 수 없다면 인간의 노력은 아무런 의미도 없을 뿐만 아니라, 엄격히 말하면 역사도 존재하지 않는다. 에스카톤 eschaton, 즉 '종말' 혹은 최후의 사건은 삶에 의미를 부여하며, 그렇지 않으면 삶은 의미가 없게 된다.

종말론적 사고 양식의 아주 적절한 예는 양심에 따른 병역 거부자나 "역사적 평화 교회"Historic Peace Churches의 위치를 명시하기 위해 '평화'란 용어를 사용하는 것이다. '평화'는 일반적으로 역사상 비저항nonresistance 그리스도인들에게 일어났던 일을 정확하게 설명해 주는 것도 아니고, 오늘날 대다수 국가에서 양심적 병역거부자를 어떻게 대하는 지를 정확하게 묘사해 주지도 않는다. 더군다나 기독교 평화주의가 전쟁 없는 세상을 보장하는 것도 아니다. '평화'란 평화주의자의 희망이다. 평화는 평화주의자의 활동 목표, 행위의 특성, 자신의 처지에 맞게 만드는 궁극적인 신적 확실성을 설명한다. 평화란 외형이나 행위의 관찰 가능한 결과를 말하는 것이 아니다. 희망은 현재의 절망에 도전하고, 그것에 의미를 부여하는 아직은 보이지 않는 목표에 따라 현재의 위치를 정의한다. 이것이 종말론이 의미하는 바다. 여기에서 우리의 과제는 현재의 위치와 목표 간의 관계, 즉 성서에 따른 종말론을 토대로 하는 평화주의와 '평화'의 관계를 조사하는 것이다.

가장 먼저 우리는 **종말론**eschatology(이미 정의를 내렸듯이 그것의 관심은 현 역사에 대한 **종말**eschaton의 의미)과 **묵시**apocalyptics(다가올 일의 시간과 형태에 관한 정확한 정보를 얻으려는 노력)를 구분해야 한다. 성서는 당대에 유행했던 묵시문학과 뚜렷한 대조를 보이는데, 이것은 성서가 묵시보다는 종말론에 훨씬 많은 관심을 기울이고 있기 때문이다. 묵시 양식이 출현할 때조차도 성서는 예견prediction을 위한 예견이 아니라, 미래가 **현재**present를 위해 지닌 의미에 집중하고 있다. 묵시적 관심이 신약 기독교에 낯선 것이라고 주장하는 것은 정확하지 않을 수도 있지만, 그럼에도 묵시가 대답하는 질문을 던지지 않고 현재의 연구를 진행해야 할 것이다.

최근 신약성서 연구는 초대교회 삶의 기록을 케리그마kerygma, 즉 사도적 설교자들의 핵심 메시지와 분리하는데 전념해왔다. 메시지는 무시간적 신학 진술이 아니다. 그것은 처음부터 끝까지 하나님의 목적 전개 속에서 일어나는 사건과 장소에 대한 종말론적인 선포이다. 다양한 단계의 구원사 분석은 연구할 가치가 있다. 구원사란 뒤로는 다윗과 구약의 예언자들, 그리스도의 사역과 고난, 부활에 대한 설명을 회고하고, 앞으로는 모든 사람의 회개하도록 준비시킴으로써 그분의 재림을 기대하는 것이다.2) 왜냐하면 각 단계는 윤리를 위해 특별한 의미가 있기 때문이다. 그러나 우리는 현 연구를 부활에서 재림으로 이어지는 우리 시대로 제한해야만 한다. 이 틀 속에서 두 가지 질문에 대한 해답을 찾을 것이다: 우리는 "종말론 없는 평화"를 만들기 위한 시도, 즉 그리스도인들이 잘못된 종말론에 기초해서 기독교의 사회전략을 수립하는 것을 어떻게 이해할 것인가? 또한, 성서에 따른 종말론은 기독교 평화주의의 위치와 의미를 명확하게 할 수 있는가? 현대의 기독교사상의 모든 학파는 일반적으로 이러한 성서적 강조점을 수용하고 있다.

종말론이 있는 평화: 비저항과 두 시대Aeon

신약성서는 현재(오순절에서 파루시아로 이어지는 교회 시대)를 두 시대aeon가 겹치는 시기로 보고 있다. 두 시대는 별개의 시간대가 아니다. 왜냐하면, 동시에 존재하기 때문이다. 그것은 본질과 방향이 꽤 다르다. 하나는 그리스도 바깥(이전)의 인간 역사로 거슬러 올라간다. 다른 하나는 (하나님나라를) 미리 맛보는 것으로서 하나님나라의 완성을 향해서 나아간다. 각 시대aeon는 사회적 형태를 보인다. 전자는 이 '세계' 속에서, 후자는 '교회 혹은 그리스도의 몸'에서이다.

새 시대new aeon는 성육신과 그리스도의 전체 사역과 함께 결정적인 방식으로 역사 속으로 들어왔다. 수 세기 동안 유대인들은 그리스도를 간절히 기다려 왔다. 하지만, 그가 왔을 때 그는 거절당했다. 왜냐하면, 그분이 계시한 새 시대는 사람들이 원하던 바가 아니기 때문이다. 유대인들은 하나님의 계획 완성인 새로운 시대new aeon를 기다렸지만, 그들은 국가적 희망, 자부심, 결속을 확인하고 입증해 주기를 기대했다. 따라서 그들에게 그리스도의 주장과 하나님나라는 걸림돌이 될 뿐이었다.

새 시대new aeon는 옛 세대와의 급진적인 단절을 함축한다. 또한, 그리스도는 자신의 사명에 충실하기 위해 유대 국가 공동체와 단절을 해야만 했다. 비록 정치(왕국kingdom)로부터 차용한 용어로 표현되고, 사회 질서와 명확한 결과와 관련되어 있을지라도, 예수의 복음은 새로운 정부 제도가 아닌 전혀 다른 새로운 삶의 제도를 선포했다. 광야의 시험에서 겟세마네의 마지막 순간에 이르기까지 그의 전체 사역에서 정치적 수단을 사용하는 것이 자신의 목적을 성취하는 지름길로서 다양하게 제시되었지만, 그는 그것의 사용을 거절했다. 그는 "누가 나를 너희들의 재판관으로 세웠느냐?"고 말함으로써 인간의 사법 제도에 도전하였고, "평화가 아니라 칼"이란 말로 가족 구성원의 친밀성에도 도전하였다. 성서 연구자들은 과거에는 이와 같은 예수의 태도에 충분한 관심을 기울이지 않았다. 현재의 문제를 해결하기 위해 인간 공동체(옛 세대의 징후 아래에 존재한다.)는 결코 예수의 핵심 관심이 아니었음을 인식하는 것이 가장 중요하다.3)

예수의 관심은 인간에게 있었다. 정치 질서에 대해 예수가 호의적이지 않았던 이유는 그의 구체적인 관심 대상으로서의 인간에 대한 높고

애정 어린 존중 때문이었다. 그리스도는 **아가페**agape이다. 자기를 내어 주는 비저항적인 사랑이다. 십자가에서 이 비저항은 자기 방어를 위한 정치적 수단을 사용하기를 거절할 뿐만 아니라 죄인들의 손에서 무죄한 자가 죽어가면서도 불평하지 않고 용서하는 것에서 궁극적 계시를 발견한다. 이 죽음은 하나님께서 악을 어떻게 다루시는지를 보여준다. 바로 여기에 기독교 평화주의 혹은 비저항의 유일하고도 타당한 출발점이 있다. 십자가는 **아가페**가 효율성이나 정의의 추구가 아니라 어떠한 손해나 외관상의 패배를 감수하기까지 복종한다는 극단적인 시위이다.

하지만, 십자가는 패배가 아니다. 그리스도가 죽기까지 복종하셨기에 부활과 승천의 기적으로 하나님 보좌 우편에 앉게 되었다.

> 사람의 모양으로 나타나사 자기를 낮추시고 죽기까지 복종하셨으니 곧 십자가에 죽으심이라. 이러므로 하나님이 그를 지극히 높여 모든 이름 위에 뛰어난 이름을 주사 하늘에 있는 자들과 땅에 있는 자들과 땅 아래에 있는 자들로 모든 무릎을 예수의 이름에 꿇게 하시고. 빌 2:8~10

효율과 성공은 사랑의 이름으로 희생되었지만, 하나님은 이 희생을 승리로 바꾸셨다. 이 승리는 가장 무능력한 사랑의 정당성을 회복해 주었다. 그리스도 안에서 계시된 새로운 세대의 동일한 삶을 교회도 소유하게 되었다. 또한 오순절은 "모든 육체에 성령을 부어주리라"4)와 "마음에 새긴 율법"5)이라는 구약의 염원에 대한 대답이다. 성령은 다가오는 영광에 대한 '계약금' down payment이며 부활의 새로운 삶은 그리스도인이 걸어가야 할 길이다. 그러나 부활 이전에는 십자가가 있고, 그리스도인은 사랑을 위한 고난의 길에서 자신의 주인을 따라가야만 한다.

따라서 비저항은 율법주의가 아니라 제자도의 문제이며, "하지 말라" 가 아니라 "주께서 그러하심과 같이 우리도 이 세상에서 그러하니라"요 일4:17의 문제이며, 특히 제자도가 의미 있다고 했을 때 그것은 특히 악 과 깊은 관계가 있다. 신약성서 모든 문헌은 십자가에서 그리스도께서 겪으신 고난의 길과 제자로서의 그리스도인이 악을 직면할 때 겪을 고 난의 길에 대해 증언하고 있다.마10:38; 막10:38이하 8:34이하 눅14:27 그리스 도와의 연대("제자도")는 때때로 더욱 광범위한 인간들 사이의 연대 가 운데서 긴장을 형성한다.요15:20; 고후1:5; 4:10; 빌1:29; 2:5~8; 3:10; 골1:24이하 히12:1~4; 벧전2:21이하 계12:11, 6)

그리스도 안에 계시된 새로운 일이 무력과 자기 방어를 포함한 옛 시 대old aeon에 대한 태도라고 단언하는 것은 지나친 말이 아니다. 십자가 자체가 새로운 계시는 아니다. 이사야 53장은 이미 야훼의 종the Servant of Jahweh이 걸어가야 할 길임을 예언하였다. 부활도 완전히 새로운 것은 아니다. 누군가가 정의했듯이, 악에 대한 하나님의 승리는 태초부터 확 증되었기 때문이다. 신실한 남은 자의 선택이란 개념도 새롭지 않다. 그 리스도에 대해 정말 새로운 것은 이러한 개념들이 육화되었다는 사실이 다. 그러나 표면상으로 가장 새롭고도 걸림돌이 되는 사건은 그분이 비 저항적 사랑 때문에 나타났다. 이것은 선택된 백성의 정당한 민족적 관 심을 포함한 모든 다른 형태의 인간적 연대를 기꺼이 희생하셨기 때문 이다. 유대인들은 아브라함을 통해 열방이 복을 받을 것이라는 말을 들 어왔고, 이 약속을 그들의 민족주의에 대한 정당성 확보로 이해했다. 예 수는 그것과 정반대로 계시하셨다. 하나님나라의 보편성은 모든 개별적 연대를 긍정하기보다는 반대하는 것이고, 먼저 옛 시대old aeon를 포기할

때에만 성취될 수 있는 것이다. 눅18:28~30

구약에서 예언자들은 하나님에 대한 충성심 때문에 백성으로부터 단절된 채 살았던 고독한 사람들이었다(비록 백성이 그들을 문제아trouble-maker로 비난했지만, 가장 심오한 뜻에서 예언자들의 충성심은 자기 백성에 대한 진정한 충성심이었다). 그후 신약에 이루러서는 혈통을 잇는 새로운 백성인 그리스도의 몸된 교회가 출현하였고, 그들이 불순종하는 이스라엘을 대신하여 언약 백성이 되었다.7) 새 시대를 사는 하나님 백성의 삶은 민족주의와 실용주의를 거부하며, 그 백성의 유일한 목적은 십자가의 방식으로 부활의 능력으로 사랑하는 것이다.

그리스도는 교회의 머리일 뿐 아니라 동시에 하나님 우편에서 정사와 권세를 다스리는 역사의 주이시다. 죄의 표지 하에서 인간의 역사를 대표하는 옛 세대는 그리스도의 통치(여기서 그리스도의 통치는 완성된 하나님나라와 동의어가 아니다. 고전15:24) 아래로 들어온다. 그리스도 통치의 특징은 악이 완전히 사라지지는 않지만, 하나님께서 자신의 목적에 기여하도록 악을 관장하신다. 악의 가장 큰 특징인 보복은 본질적으로 혼돈을 만들어 내기보다는 질서를 유지하고 교회의 성장과 사역을 위한 기회를 제공해 주는 방식으로 국가가 이용한다. 그로 말미암아 보복이 구속되거나 선해지는 것도 아니다. 그럼에도, 그것은 하나님의 목적에 공헌하게 되며 죄가 궁극적으로 패배한다는 약속을 기대하게 된다.

역사의 주되심Lordship이 야훼에게 속해 있음은 이미 구약성서가 주장하고 있다. 이사야 10장은 하나님께서 주변 국가의 보복을 사용해서 자신의 심판을 이행하시는 본보기를 보여준다. 그렇다고 보복을 인정하는 것이 아닐뿐만 아니라, "진노의 채찍"으로 사용한 주변 국가의 심판을 면제해 주지도 않는다. 신약성서가 역사와 권력의 주되심이 그리스도에게 속해 있다고 말할 때, 이것은 이미 일어난 본질적인 변화가 옛 시대의 영역인 보복과 국가 안에서 일어난다는 의미는 아니다. 그곳에는 실제로 아무런 변화도 없다. 오히려 그리스도 안에서 계시가 된 새 시대는 옛 시대보다 우월하며, 옛 시대의 의미를 설명해 주고, 최종적으로 옛 시대를 극복할 것이다. 국가는 그리스도의 도래로 변하지 않는다. 변화는 옛 시대의 심판doom을 선포한 새 시대의 도래에 있다.

로마서 13장과 병행 구절인 디모데전서 2장과 베드로전서 2장은 국가의 활동이 어디까지 그리스도의 통치에 종속되어 있는지를 판단할 척도를 제시해 준다.(국가는 절반 정도로 약화한 악을 구현하기 때문이다.) 만일 무력 사용이 무고한 사람들을 보호하고 악인을 징계하며, 평화를 유지함으로 "모든 사람이 진리를 알게 된다면", 국가는 그리스도의 통치에 종속된 것으로서 하나님의 계획과 일치한다. 이런 긍정적인 평가는 한 국가에 전체적으로 적용될 수 없고, 기껏해야 어느 한 시점에서 적용 가능한 사례이다. 국가는 악에 악을 더하기보다는 그 두 악 사이에서 그나마 괜찮은 선택일 뿐이다. 그러나 국가는 종종 이런 기능을 포기할 가능성이 있으며, 그런 경우가 심지어 빈번하다. 그보다 더 높은 도덕 질서에 복종하기를 거부하기도 하며, 그럼으로써 무고한 사람들을 징계하고 죄인을 보상하는 일을 행하기도 한다. 우리는 국가란 마성적魔性的, demonic이라는 최상의 묘사를 계시록 13장에서 발견한다. 예수의 무죄를 알면서도 감히 정직할 만큼 용기가 없어서 유죄판결을 내린 빌라도는 그야말로 나약한 형태의 불순종을 보여준다. 불순종의 강한 형태는 우리 시대에 충분히 잘 알려졌기에 더 말할 필요조차 없다.

쿨만Cullmann은 'D-Day'와 'V-Day'라는 용어로 옛 시대의 정복을 설명한다. D-Day는 연합군이 유럽 대륙에 성공적으로 침투한 것으로 2

차 세계대전의 종식을 결정짓는 결정적인 일격이었다. 하지만, 전쟁은 끝나지 않았다. 결정적인 일격과 최종적인 항복V-Day 사이에는 추축국 Axis powers: 2차 대전 시 연합군에 맞서 싸운 독일, 이탈리아, 일본을 의미–편집자주이 승산 없는 전투를 하지만 연합군은 상대적으로 최종적인 승리를 확신했었던 시기이었다. 이것은 교회 시대와도 상응한다. 악은 잠재적으로는 정복되었고, 그리스도의 통치 가운데 항복이 이미 현실화되었지만, 하나님의 최종적인 승리는 아직 이르지 않았다.

종말론적 완성consummation은 새 세대의 성취이자 옛 세대의 붕괴를 의미한다. 창조의 의미에서 보면, '세계'는 정화된 이후에나 그리고 옛 것을 볼모로 사로잡은 이후에나 새 세대와 동일시될 수 있을 것이다. 이것은 언약의 성취에 비추어 보면, 새 시대의 삶이 지금은 아주 비효과적인 듯 보이지만, 그럼에도 의미 있고 옳다.

종말론적 완성은 무엇보다 십자가의 길을 정당화시켜준다. 요한이 역사의 의미를 계시한 인봉을 뗄 자가 아무도 없어서 절망 속에서 울고 있었을 때, 일찍이 죽임당하신 어린 양이 인봉을 취해서 개봉하기에 합당하신 분이라는 외치는 소리를 듣고 요한은 기뻐한다.첫 번째 환상, 제5장 왜냐하면 어린 양이 열방을 구속하셔서 이 땅에서 다스릴 하나님의 종의 나라로 삼으셨기 때문이다. 역사의 궁극적인 의미는 교회 사역 안에서 발견된다. (그리스도의 고난과 승리의 관계는 빌립보서 2장에도 말하고 있다. 역사에서 교회의 중심성은 디도서 2장과 베드로전서 2장에 나와 있다.) 죽음을 통한 어린 양의 승리는 교회의 승리를 보증한다. 주님과 마찬가지로 교회의 고난은 자기를 내어 주시는 하나님의 사랑에 대한 순종의 척도이다. 비저항은 심오한 의미에서 그 효과 때문이 아니라 그것이 죽임당하신 어린 양의 승리를 고대하고 있다는 점에서 옳다.

비저항적 입장이 내포하는 바가 악과의 명백한 공모라고 보는 비평 화주의자에게는 이러한 견해가 항상 걸림돌이 되어 왔다. 여기서 다음 같은 태도, 예컨대, 악이 제멋대로 날뛰도록 내버려두고, 죄인이 하나님과 분리되고, 사람을 해치는 죄를 짓도록 내버려두는 것은 **아가페** 자체의 본성의 한 부분임을 짚고 넘어가야 한다. 그것은 이미 창조 안에 계시가 된 것이다. 만일 페기Peguy의 통렬한 문구, "**공범은 죄짓는 것보다 더 나쁘다**"complice, c' est pire que coupable는 말이 사실이라면, 인간을 자유롭게 하려고 자신의 죄 없는 아들을 죽게 만든 하나님은 유죄임이 틀림없다. 유죄와 연루를 동일시하려는 현대적 경향은, 피조물의 죄 가운데 내포된 전능한 하나님을 암시하는데 전형적으로 적용될 수 있다. 인간을 향한 하나님의 사랑은 반역자를 처단하지 않고, 자신과 인간에 대한 죄를 허용하는 바로 그곳에서 곧바로 시작한다. 이를 위한 단어는 하나님의 **인내**이지 공범이 아니다.

하지만, 이런 자비로운 하나님의 인내가 악에 대한 완벽한 대답이 아니다. 우리는 악이 이미 그리스도의 통치로 말미암아 저지되었음을 보았다. 그의 통치의 종말론적 완성은 악의 축출로 말미암은 모든 원수의 패배를 의미한다. 창조론이 하나님께서 인간을 자유로운 존재로 창조하셨다고 확언하고, 구속의 교리는 죄지을 자유가 **아가페**를 통해 십자가에까지 이르게 했듯이, 지옥에 관한 교리는 최종적으로 그리고 되돌이킬 수 없을 정도로 하나님과의 분리를 선택하는 죄를 자유롭게 짓도록 한다. 최후의 순간에 이르기까지 자유를 존중함으로써, 사랑은 역사에 의미를 부여한다. 구속을 확대하고자 회개하지 않은 죄인이 하나님의 은혜를 거부할 자유를 부정하려는 보편주의는 사실상 인간의 선택 자체가 실질적으로 의미가 있다는 것을 부인한다. 심판과 지옥과 더불어 옛 시대는 종말을 맞이하였고(그 자체를 내버려둠으로써), 불순종의 최후 fate는 새 하늘과 새 땅, 그리스도 안에서 시작된 새로운 사회의 종말론적 완성에서 배제되는 것이다.

모든 주석 학자들이 동의하듯이, 신약 성서에서 악에 대한 최종적인 승리는 인간이나 정치적 수단에 의해 이루어지는 것이 아님은 분명한 사실이다. 심판의 행위자는 교회가 아니다. 교회는 비저항의 방식으로 고통을 겪는다.인내와 견딤에 대한 주제는 계6:9-11; 13:10; 14:12를 참조 국가가 역사 속에서 하나님의 심판을 수행한다고 해서 심판자가 되는 것은 아니다. 사실상 그리스도의 통치를 훨씬 더 마성적으로 거부하는 국가는 하나님의 주요한 대적적그리스도이 되고 만다. 하나님의 대리자는 백마 타고 오시는 왕의 왕이요 주의 주이신 분의 입에서 나오는 검, 곧 그분의 기적적인 말씀이다.계19장 족장시대 이후로 그리고 가장 두드러지게는 그리스도의 십자가 사건에서 보여주었던 것처럼 복종의 과제는 복종하는 것이며, 승리를 가져올 책임은 오직 하나님께 속한 것이며, (승리를 위한) 그분의 수단은 인간의 계산 너머에 있다. 인간의 진보가 아닌 하나님의 간섭하심이 인간 복종의 정당성이다. 악을 물리치는 것에 대한 그리스도인의 책임은 자신의 방식으로 악에 대항하려는 유혹에 저항하는 것이다. 악한 적을 짓밟는 것은 그에게 패배당하는 것이다. 왜냐하면, 악한 자의 기준을 수용하는 것이기 때문이다.

"중간기 윤리"interim ethics라는 용어는 신약성서의 윤리학을 설명하기 위해 종종 사용됐다. (알버트 슈바이처에 빚지고 있는 사상의 노선에 따르면) 통례적으로 이 용어는 그리스도와 신약성서의 저자들이 임박한 종말에 대한 기대 때문에 사회에서 무책임한 태도를 보이게 되었음을 의미한다. 이러한 분석은 옛 시대old aeon를 근거로 심판하려는 시도에서 나온 것이다. 오히려 신약성서의 관점은 다음과 같다: "그러므로 너희가 그리스도와 함께 다시 살리심을 받았으면 위의 것을 찾으라. 거기는 그리스도께서 하나님 우편에 앉아 계시느니라."골3:1 이것은 단견短見이 아니라 선견지명을 뜻한다. 십자가를 통해 승리하신 하나님에 대한 신뢰를 의미한다. 믿음이란 바로 이런 태도이다.히11:1~12:4에서 보여주는 예들처럼 즉, 명백하게 비효율적인 것처럼 보이는 복종의 길을 수용하려는 의지이며, 그 결과를 하나님께 맡기려는 행위이다. 히브리서 11장 1절이 말하는 믿음이란 입증되지 않은 주장에 대한 교리적인 묵인을 의미하는 것이 아니라 하나님께서 그리스도를 통하여 시작하시고 완성하셨다는 사실을 신뢰하는 것이다.히12:3 재차 말하거니와 우리의 본보기는 십자가다. 궁극적 효과라는 의미에서, 십자가의 진정성이 아직은 명백하지 않더라도 십자가는 그 자체로 진실하다.

종말론 없는 평화: 콘스탄틴적 이교異敎

우리는 비저항이 유의미하고 그 속에서 국가가 자리매김할 수 있는 종말론적 상황은 두 시대 간의 긴장이 존재하며, 하나님나라의 충만한 가운데 새로운 시대의 승리로 그 긴장이 해소됨을 살펴보았다. 종말론이 없는 평화를 추구하는 자세는 교회와 세계를 동일시하여 악을 그 정황으로부터 제거하려는 것으로 하나님의 활동이 없이 현재 속으로 두 시대를 뒤섞는 것이다. 그리고 그렇게 혼합함으로 악을 제거하려는 태도이다. 이것은 "참아낼 만한 이기주의의 균형"을 성취하려는 국가의 섭리적 목적라인홀드 니버에게서 빌려온 표현이다과 제자도에 대한 헌신으로 모든 이기주의를 거부하려는 교회의 구속적 목적 사이의 혼동을 의미한다. 이러한 혼동은 교회의 이교화와 국가의 마성화로 이어진다.

고대 중동의 종교에 대한 일반적인 이해는 부족신 개념, 즉 신의 의의는 윤리가 아니라 제의이었다. 신의 목적은 자기 백성이 어떻게 살아가야 하는지를 말하는 것이 아니라 그들 종족의 일치를 지지하고 적합한 종교적 제의를 준수함으로 번영을 보장하는 것이었다. 이러한 이교적인 태도는 거짓 예언자들의 형태로 이스라엘에서도 나타났으며, 구약성서에서 그들이 차지하는 의미를 우리는 종종 평가절하한다. 하나님의 참된 예언자들은 야훼의 윤리적 요구와 심판과 회개를 선포했던 반면, 거짓 예언자들은 국가의 계획을 지지하는 대가로 국가의 후원을 받았다. 그들은 하나님의 윤리적 요구를 분명히 보여주기보다는 하나님으로 하여금 왕의 계획을 승인하게 하였다. 예레미야는 그들의 사역을 평화가 없는데도 "평화", 곧 심판이 없는 평화, 종말론 없는 평화를 선포하는 것으로 요약했다. 이러한 입장은 결코 평화주의가 아니다. 거짓 예언자들이 선포한 "샬롬", "평화"는 전쟁의 부재가 아니다. 국가의 이익을 위해서라면 전쟁도 불사하며, 국가의 목표를 하나님의 이름으로 축복한다.렘 6:13~15; 8:7~14 하나님을 심판자가 아닌 사환 정도로 전락시킨 거짓 예언자들은 하나님의 이름으로 국가주의를 신성시하려는 사람들에게 길을 열어 주고 말았다. 이러한 길은 마카비 가문으로 이어졌고 신앙과 국가주의를 다양한 방식으로 통합하려던 예수 시대의 다양한 정파들(사두개파의 협력과 열심당의 반역)로 이어진다. 열심당원 운동과 밀접한 접촉을 했던 예수는 민족의 독립을 위해 전쟁을 수행하려는 그들의 의도를 한결같이 거절하였다.8)

기독교 시대에 이와 같은 태도에 대한 고전적인 표현을 **콘스탄틴주의**라고 한다. 이 용어는 밀란 칙령과 **하나님의 도성**City of God 사이의 시기에 형성되었던 기독교 개념을 지칭한다. 이 변화는 콘스탄틴이 창안한

것도, 교회에 강요한 것도 아니며, 핵심 본질은 교리도, 정치 형태의 문
제도 아니다. 그것은 교회와 세상의 동일시를 상호 승인한 것이며, 콘스
탄틴과 주교들이 지지를 주고받은 것이다. 교회는 더는 복종 가운데 고
난을 받는 참된 예언자가 아니다. 교회는 현재 질서 속에서 기득권을 소
유하게 되었고 그 질서를 합법화하기 위해 임의로 종교적 수단을 썼다.
교회는 윤리, 심판, 회개, 세상으로부터의 분리를 설교하지 않았다. 교
회는 성례전을 시행하고, 사회를 떠받친다. 기독교 윤리는 더는 하나님
께서 인간에게 원하는 것을 연구하지 않는다. 왜냐하면, 모든 사회가
(개념상, 침례세례에 의해) 기독교적이 되었기에 기독교 윤리는 사회 구
석구석에까지 작동할 수 있어야만 한다. 윤리는 성화를 추구하는 대신
죄의 지속적인 힘과 더 작은 악을 계산하는데 관심을 두게 되었다. 그것
은 기껏해야 금욕주의puritanism를 양산하게 되며, 최악에는 단순한 기회
주의opportunism를 양산할 뿐이다.

콘스탄틴적 교회를 당연시했던 어거스틴이 로마 교회가 천년왕국이
라고 주장한 것은 그리 놀라운 일도 아니다. 교회와 세계 일치의 다음
단계는 종말론의 의식적 포기이다. 왜냐하면, 교회로 세상을 다스리려
는 하나님의 목표가 (세상에 의한 교회의 정복됨을 통해) 달성되었기 때
문에 이것은 논리적으로 타당해 보인다. 어거스틴은 결코 죄의 실재를
평가절하하지 않았다. 그러나 그는 그것을 극복하기 위한 유용한 제도
적 수단과 성례전적 수단의 타당성을 지나치게 과대평가하였다.

이러한 논리는 한 단계 더 나아간다. 만일 그 왕국이 현존 질서를 통
해 실현되는 과정에 있다면, 그 후에 국가는 대립적인 이기주의를 화해
시키는 수단이 될 뿐만 아니라, 악을 쳐부수는 하나님의 대리자가 될 수
도 있고, 혼란을 야기할 수도 있다. 십자군 전쟁이 전형적인 예이다. 디

모데전서 2장에서 주장하듯 평화의 유지가 왕의 목적임에도 신성 로마 제국은 신앙을 위해 그리고 이교도에 대항하기 위해 전쟁을 치렀다. 따라서 신약 성서의 종말론, 즉 하나님께 위임한 심판의 기능은 교회의 자발적 합의를 통해 국가의 특권이 된다.

허버트 버터필드Herbert Butterfield는 『기독교, 외교, 그리고 전쟁』 Christianity, Diplomacy, and War이라는 그의 연구에서 비교적 안정적이고 문화적으로 발전했던 시기는 전쟁이라는 충돌하는 이권 집단 간의 실제적인 조정에만 국한되었던 때였다고 주장하고 있다(그때는 '전쟁이라는 것' 이 어찌보면 경찰의 역할과 비교할 수 있었고, 그리스도의 통치에 속한 것으로 생각되었다). 마찬가지로 콘스탄틴적 태도를 견지하고 있는 국가들이 "대의명분"을 위해 싸우면서 사회가 발전해 왔다. 30년 전쟁과 우리 세기(20세기)의 이데올로기적 전쟁들이 좋은 예이다. 무력사용은 그리스도가 정복한 악이라기보다는 긍정적인 선이라고 주장함으로써 마성화되고, 사회에 봉사하기보다는 오히려 사회의 안정을 파괴한다. 국가는 그리스도에 의해 제한받지 않고 교회에 의해 축복을 받게 됨으로써, 기소자plaintiff, 재판관, 배심원과 집행자가 되고 만다. 대의가 옳다면, 어떤 방법이라도 그것이 원수에 대한 억압이나 멸절일지라도 정당화된다. 따라서 신약의 지옥에 관한 교리가 콘스탄틴주의에서도 나타난다. 적을 제압하기보다는 멸절시키려는 목적에 따라서 악은 마지막 시간에서 현재로 옮겨진다. 모든 십자군을 종식하기 위한 세계 십자군의 가장자리로부터 멀지 않은 곳에 서 있는 우리는 콘스탄틴과 십자군의 사고방식은 결단코 그리스도 왕국을 섬기는 길이 아님에도 국가의 권한에 한계가 있다는 점을 부정하고 더 높은 도덕의 요구를 따르는 데 실패하였다. 그것이야말로 국가를 마성화하는 확실한 길임을 분명히 기억해야 한다.

로마 제국이라는 하나의 사회만을 알고 있었고, 그 사회의 기독교화를 추구했다는 점에서 콘스탄틴주의는 적어도 출발점과 모순되지 않았다. 하지만, 오늘날 국가는 무수하며, 각 국가는 역사의 대의를 대표하기 위해 하나님으로부터 권위를 부여받았다. 우리는 콘스탄틴의 경우에서 이런 종류의 국가주의 기원을 모색해야만 했다. 콘스탄틴은 그리스도의 보편적 통치를 보편적 제국으로 대체함으로써 야만족을 차단했다. 그들은 그리스도인이 아니었기 때문에 그것은 당연했다. 하지만, 실제로 그것은 분열된 인간 사회인 국가를 교회가 승인해 준 계기가 되었다. 또한, 한 국가, 국민, 정부가 악마적인 다른 국가를 굴복시키는 것이 하나님의 목적일 수 있다는 개념에 문을 활짝 열어 놓게 되었다. 게르만족이 로마 제국을 대체했을 때, 비록 평화를 유지하기 위한 중세 교회의 노력에도 그들은 게르만족의 이익에 신적 사명의 의미를 부여했다. 이론상으로 한번 수용되면, 이러한 태도는 제국주의를 축복했던 것과 일관된 방식으로 국가주의를 축복한다. 그리스도 통치의 보편성은 특정한 국가의 의도라는 특수성으로 대체된다.

이것은 한 걸음 더 나아간다. 특정 집단의 이기주의가 역사의 의미의 담지자라고 인정되면, 그 국가나 집단의 목적은 신에 의해 뒷받침되며, 권위를 부여받은 분열은 국가주의로 멈추지 않는다. 유럽의 중세적 일치가 신의 재가를 주장하는 자율적 왕국으로 붕괴하였듯이, 각 국가는 이제 계급과 파벌로 분열되며, 각각은 다시금 신적인 승인이나 세속적으로 평등하다고 재차 확신한다. 일단 '대의'가 십자군이나 국가의 독립을 정당화하면, 혁명과 뜨거워질 가능성이 농후한 냉전체제나 특정 정당의 이익을 만족하게 하기 위한 내각의 전복을 당연시하게 된다. 볼셰

비키 혁명으로부터 존 포스터 덜레스John Foster Dulles: 아이젠하워 당시 국무 장관으로 재임에 이르기까지 이러한 현상은 기본적인 태도의 전형이다. 그것은 특정 집단을 위한 '대의'를 위해 정당화될 수 있으며, 그러한 대의에 헌신하는 것은 하나님에게서 부여받은 특별한 사명으로, 인간의 결속 체제fabric를 파괴하며, 미래를 독살하고, 그리스도의 주되심 하에서 국가가 보증할 의무가 있는 '평화'와는 정반대되는 분열을 도입하게 된다.

만일 우리가 신약성서에 근거하여 교회의 일치를 신앙의 보편적 연대라고 이해한다면, 비기독교적 분열에 대한 성서적 의미에서의 진정한 분파주의는 국가에 종속된, 국가와 동일시된 교회의 충성이었음을 알 수 있다. 반면 소위 분파들, 특히 16세기 아나뱁티스트, 17세기 퀘이커, 18세기 모라비안, 그리고 19세기 "개방적 형제단"Open Brethren: 플리머스 형제단의 한 분파로 외부 사람이나 다른 교단과 교류를 허용하는 형제교회－편집자주들은 국가의 속박으로부터 자유롭고, 이동성과 선교적 관심 그리고 성서주의에 대한 선호와 신조적 정통에 복종하는 믿음 때문에, 그들은 에큐메니컬 기독교의 진정한 지지자들이었다. 반면 무지한 역사가들이 아나뱁티스트라는 이름을 비방하려고 여전히 사용하는 "뮌스터 혁명"은 아나뱁티스트즘이라고 할 수 없다. 그것은 루터교와 가톨릭이 받아들였던 똑같은 이단으로의 회귀였다. 즉 사회 전체가 하나님의 뜻을 수행하도록 강요하기 위해서 하나님의 적대자들에게 정치적 수단을 쓸 수 있다는 신념 말이다. 이러한 이유로 비저항 아나뱁티스트들은 메노Menno가 회심하기 이전부터 뮌스터 추종자들을 비난하였다. 뮌스터는 콘스탄틴의 방식 그대로, 종말에 하나님의 말씀에 의해 완성될 일(교회의 최후 승리와 악의 패배)을 인간의 손으로 시행하고자 했다.

근대 콘스탄틴주의의 깜짝 놀랄만한 표현 중 하나는 서로 옳다고 주
장하는 대립집단 사이에 존재하는 평행선이다. 우리 시대에도 30년 전
쟁에서 있었던 것과 같은 특징이 존재한다. 덜레스Dulles;미 아이젠하워 행정
부의 외무장관을 지낸 반공주의자로 국지적무력사용의 가능성을 시사하는 강경노선을 취
함-편집자주와 몰로토프Molotov; 구소련의 정치가이자 외교관으로 스탈린의 충실한
제자-편집자주는 두 대립 체제의 공존이란 가능할 수 없다는 것을 확신했
다. 그들은 전쟁을 수행하고자 했을 뿐만 아니라 적이 존재하도록 내버
려두기보다는 모든 문화를 파괴하고자 했다. 상대는 침략 국가이며 상
대국에게 불의를 저지르고 정책에 반대(민주주의에서 경찰 방식이나 이
승만, 티토, 프랑코, 프랑스 식민주의에 대한 서구의 지원과 마찬가지
로)하는 것은 적국의 침략과 첩보활동 때문에 어쩔 수 없는 것이라고 확
신했다. 양측은 역사란 자신의 체제 편에 서 있으며 대립 체제는 악의
화신이라고 확신한다. 양측은 교회가 사람들의 의욕을 복돋아주기를 원
한다. 어느 쪽도 하나님의 심판 아래 서거나 회개의 필요성을 인정하지
않는다. 양측은 하나님의 계획을 자신의 수중으로 끌어들이고 싶어 하
며, 이용 가능한 경제적, 정치적 수단이나 필요하다면 군사적 무기로 선
의 승리를 보장해야 함을 알고 있다. 그들은 하나님의 심판을 받아들이
지도 않으면서, 그러면서도 집단 이기주의를 포기하지도 않으면서, 복
종을 하나님의 수단으로 바꾸어 승리하게 하시는 하나님을 신뢰하지도
않으면서, 하나님의 이름으로 무력을 사용하여 평화를 추구한다. 간단
히 말해 양자는 미가 시대의 이스라엘이며, 둘은 열왕기상 22장의 400
명의 예언자의 전통에 충실한 교회에 의해 널리 이용된다. "공격하십시
오"라고 그들은 대답했다. "주께서 그 성읍을 왕의 손에 넘기시리이다."
왕상22:6 종말론 없는 평화는 제한 없는 전쟁이 되고 말았다. 따라서 주님

의 경고가 성취되었다. "사탄은 바알세불에 의해 쫓겨날 수 없다."

종말론과 평화의 증언

목적이 수단을 정당화한다는 십자군의 논제가 어떻게 자기파멸적인지, 콘스탄틴적 이단이 궁극적으로 하나님을 부족신으로 바라보는 완전히 이교도적 관점으로 복귀하는 모습을 지금까지 살펴보았다. 이제는 새로운 출발을 위해 신약성서의 종말론으로 돌아가 보도록 하자. 우리는 그리스도인에게 요구되는 것이 무엇이며(이 수준에서는 비저항 명령이 분명해진다) 또한 사회 전략 영역과 국가에 대한 예언자적 증언에 어떤 지침사항이 존재하는지 질문을 던질 것이다. 이곳에서는 역사에 대한 성서적, 종말론적, 비저항 기독교적 일부 관점을 종합해 볼 것이다.

첫째, 우리는 오직 명백한 종말론적 관점만이 현재의 역사적 상황에 대한 정당한 비판과 효과적인 행동의 선택을 허용한다는 점을 인정해야만 한다. 비종말론적인 역사 분석은 주관주의와 기회주의의 위험에 대해 속수무책일 수밖에 없으며, 종국에는 죄 많은 현 상황이 규범이 되는 결말을 맺을 뿐이다. 아브라함에서 마르크스에 이르기까지 역사는 종말론적 희망을 토대로 현재의 행동을 비추어 보는 사람들에 의해 성취었음을 보여준다. 사회의 악에 대해 아무 일도 하지 않는 태도를 선호하는 묵시주의가 있다. 이것은 비기독교적이며 일종의 비성서적인 묵시주의이다. 그러나 자유주의 신학자들이 일반적으로 받아들이는, 초대교회의 종말론적 기대는 윤리적 무책임으로 귀결되었다고 말하는 슈바이처의 테제는 주석적으로나 역사적으로 잘못된 것이다.

평화주의 그룹 안에는 평화의 증언에 대해 우리들이 심각하다고 느낄 정도로 애매모호하게 이해하고 있음을 분명히 밝힐 필요가 있다. 이

러한 모호함은 켈로그-브리앙 협정* 시기의 낙관적인 정치적 평화주의
가 갖는 약점에 기여하였다. 또한, 이 모호함은 실제로 콘스탄틴적 태도
이다. 회심하지 않는 국가가 참된 평화를 우리 시대에 당장 성취할 것이
라고 느낀다는 점에서 그렇다. 다시 한 번 희망은 종말론 없는 평화를
위한 것이 되었다.

설득력있는 종말론의 배경에 대한 평화의 증언을 회복할 때, 세 가지
독특한 요소가 발견된다. 첫 번째는 그리스도인들을 향한 호소이다. "교
회로 교회 되게 하자!"라는 구호는 그리스도인을 향한 것이다. **평화는
하나님의 뜻9)**이라는 구호가 교회를 교회 되게 하는 시도이기 때문에 우
리는 모든 그리스도인에게 다음을 선포해야 한다. "평화주의는 소수 개
인만을 위한 소명이 아니라, 그리스도의 몸된 교회의 모든 구성원이 제
자도에 있어서 절대적 비저항으로 부름받았다.""그러한 복종과 충돌하
는 일체의 충성심을 포기하라는 부름을 받았다.""시민 정의에 대해 즉
각적인 효과를 맛보려는 욕망과 스스로 책임지려는 욕망을 포기하라는
부름을 받았다." 이것은 히브리서의 부르심, 즉 믿음과 성화로의 부르심
이다. 종말론은 이 호소에 어떤 내용도 덧붙이지 않는다. 다만, 어린양
의 길이 최종적으로 승리할 것이란 지식은 걸림돌임에도 이 호소가 무

---

* 편집자주 : 켈로그-브리앙 협정Kellogg-Briand Pact은 제1차 세계대전 뒤 평화를 유
  지하기 위한 노력으로, 프랑스 외무장관 아리스티드 브리앙이 독일 침략의 재발 우려
  에 대비하여 미 국무장관 프랭크 B. 켈로그와 1927년 양국 간 불가침협정을 제안했
  다. 켈로그의 제안으로 세계 거의 모든 국가가 결국 켈로그-브리앙 협정에 서명함으
  로써 국가정책 수단으로서의 전쟁을 포기하고 모든 국제분쟁을 평화적인 수단으로 해
  결하는 데 합의했다. 그러나 서명국들은 이 협정에 아주 다양한 제한과 자기 중심의
  해석을 가했다. 예컨대 자위적인 전쟁이나 국제연맹 규약, 먼로 독트린, 전후 동맹조
  약에서 비롯되는 군사적 의무는 금하지 않았다. 이 협정은 강제력이 없었으므로 완전
  히 무용지물이 되었다.

의미한 것이 아님을 증언한다.

　둘째, 정치인을 포함한 개개인이 하나님과 화해하라는 부르심이다. 이것이 엄밀한 현대적 의미로 복음전도이며, 평화 증언의 일부이다. 개인의 진심 어린 헌신에 대해 호소하지 않는 사회적 관심은 유토피아적이거나 민중 선동적 정치 양태에 지나지 않는다. 그러나 우리는 애초부터 있던 문제를 여전히 직면해야만 한다. 교회 밖에 있으면서 회심의 의사가 없는 정치인에게 우리는 무엇을 증언할 건가? 여기에서는 애오라지 종말론적 관점만이 해답을 제시하는 반면, 콘스탄틴에 동의하는 '현실주의' realism는 결국 그에게 재량권을 준다. 우리는 최초의 그리스도인의 신앙고백, "그리스도가 주님이시다" Christos kyrios는 고백으로 돌아가야 한다. '그리스도의 통치' 란 국가에 선을 권장하고 악을 제한하도록 격려함으로써 하나님을 섬기는 것이 국가의 의무임을 뜻한다. 다시 말해, 국가가 평화에 이바지하고 사회적 결속력을 유지하여 복음의 누룩이 교회를 세울 수 있고 옛 시대를 보다 관용있는 사회로 만드는 것이 국가의 의무라는 뜻이다.

　평화주의자는 아니지만 정직한 역사가인 버터필드는 이러한 관점을 전쟁의 문제에 적용한다. 그는 콘스탄틴적 전쟁, 즉 공존의 불가능성을 전제로 삼으며, 조건 없는 항복을 목표로 삼는 십자군은 못된 기독교일 뿐만 아니라 못된 정치라고 결론을 내린다. 그는 이른바 "제한된 전쟁" limited war은 조건부로 승인할 수 있다고 결론을 맺는다. 다시 말해서 전멸이 아니라 국제 질서의 틀 속에서 자신의 존재에 도전을 받지 않는 범위에서 긴장을 재조정하는 것에 목표를 둔 지역 경찰 활동에 상응하는 전쟁이다. 그의 주장은 빅토리아 시대와 관련된 일종의 힘의 균형 외교가 가장 현실적이라는 것이다. 힘의 균형 외교가 하나님나라가 아님을 인식하기 때문에 근사치적 정의를 보존할 수 있으며, 그것이 바로 버터필드가 "헤아릴 수 없는 것"이라고 부르는 것의 조용한 성장을 허용한다. 이러한 태도와 확신이 항상 합리적이거나 의식적인 것만은 아니지만, 실제적인 평화의 예방법이다. 이러한 화합의 요인, 곧 형제애, 정직, 사회 정의 또는 풍성한 삶이란 개념은 기독교적 증언과 기독교 가정의 부산물이며 비그리스도인과 비기독교 사회에 대한 누룩 효과가 있다. 이런 맥락에서 제한된 진보 교리에 대해 말하는 것은 가능할 수도 있다. 파시즘이나 사회 조직을 파괴하는 폭력, 어느 것으로도 국가가 개입하지 않는 한, 기독교의 이러한 부산물은 세계, 심지어 옛 시대를 엄청난 관용의 사회로 만들 수 있다. 하지만, 그것들기독교의 부산물이 궁극적으로 인간을 하나님의 관점에서 더 나은 존재로 만드는 것이 아니며, 그것들을 맡은 유능한 공직자로 만드는 것도 아니다.

국가의 기능은 버터필드에 의하면 성당을 건축하는 건축가의 과제에 비유된다. 중력은 인간의 이기주의와 마찬가지로 그 자체가 건설적인 힘은 아니다. 그러나 만일 예술과 과학이 결합하여 각자의 돌(예술과 과학)을 잘 조각하고 적소에 배치한다면, 긴장 속에서도 균형을 유지해 나갈 수 있으며 무거운 느낌보다는 가벼우면서도 활발한 인상을 줄 것이다. 이렇듯 파괴적인 힘들의 섬세한 균형에서 성당이 아닌 성당 안에서 진행되는 예배를 위해 정치조직을 그리스도의 주권 아래에 두는 것을 본질로 삼는다.

따라서 국가에 대한 교회의 예언자적 증언은 다음과 같은 견고하게 고정된 기준에 달렸다. 국가의 모든 행위는 그 기준과 공언된 하나님의 평가에 따라 겸허히 시험해 보아야 한다. 선한 사람들은 보호받아야 하며, 악인들은 제지를 받아야 하고, 사회 조직은 혁명과 전쟁으로부터 보존되어야 한다. 더 엄밀히 말하면, 교회는 무차별적으로 희생자를 만들어내는 전쟁 수단과 긴장의 국지적인 조정을 넘어서는 전쟁의 목표를 비난할 수 있다. 이러한 전쟁 수단과 전쟁의 목표는 그리스도인을 위해서 뿐만 아니라 국가를 위해서도 잘못된 것이다.[10] 다른 한편으로 사회 내에서나 유엔UN 산하에서의 경찰 활동은 원리상 같은 근거로 규탄받아서는 안 된다. 문제는 예방책이 그 이상이 되지 않도록 보장하는 것이다. 실제로 이러한 원리는 완전주의적 토대에서의 제자도 윤리학에 근거해서가 아니라, 무엇을 위한 국가인가라는 현실주의적 토대 위에서 현대의 모든 전쟁을 규탄한다.

두 가지 논평을 더 언급해 보자. 우선, 국가의 임무를 객관적으로 보는 일종의 객관성은 그리스도인에게는 실제로 가능하다. 오직 그리스도인(많은 그리스도인이 아닌)만이 용서(자신에게 대한 타인의 죄를 간직하지 않는 것)와 회개(자신의 죄를 보려는 의지)를 통합할 수 있다. 이교도는 '상대편'의 모든 죄를 보며, 그러므로 회개의 선포는 이기심으로부터의 해방이요 객관성의 유일한 토대인 셈이다.[11]

둘째, 예언자의 메시지는 항상 부정적 형태를 취한다. 사회 복음 신학이 구약의 예언자들로부터 많은 것을 취했음에도, 예언자들은 사회의 운영을 위한 세부적 계획을 제시하지 않는다. 세상사 으레 그렇듯 국가란 본질적으로 이상적으로 정의할 수 있는 이상적 질서가 아니다. 이기주의는 실용적으로 용납 가능한 균형을 이루며, 다소 참을 만하다. 무한한 인내심의 지점을 정의한다는 것은 하나님나라를 정의하는 것과 같다. 그것은 현 상황에서는 수행될 수 없다. 따라서 예언자나 예언자적 교회는 무엇보다 구체적인 불의에 대해 유죄판결을 내리시는 하나님을 말한다. 만일 이러한 불의를 시정한다고 해도 우리는 새롭게 등장하는 불의를 처리해야 할 것이다. 스위스, 영국과 네덜란드의 민주주의가 보여주듯이 인내 가운데서 진전이 이루어진다. 그러나 제한된 수준과 구체적 영역에서만 (이러한 진전이) 이루어질 것이며, 진보의 수단은 유토피아를 정의하려는 것이 아니라 특정한 악을 향한 고발이며 특별한 해결책의 강구이다. 더욱 큰 전망에서 보자면, 해체의 힘은 교회만큼 빠르게 진행되고 있다. 정치인이 우리에게 그가 무엇을 해야 할지 질문할 때 우리는 당황할 필요가 없다. 우리의 첫 번째 대답은 그는 자신이 아는 온 힘을 기울이지 않는다는 것이며, 먼저 자신이 지금 저지르는 불의를 중단해야 하며, 자신이 공언한 이상적인 목표들을 수행해야 한다.

콘스탄틴과 책임

전체적으로 비저항적 기독교 평화주의가 어떻게 발전해 왔는지는 분명해졌다. 종말론뿐만 아니라 윤리학적 토대에 의해 신약성서는 대부분의 국가주의와 군사주의, 그리스도인의 보복을 거부하며, 오히려 악을 선으로 갚으라고 요구한다는 사실이 분명해졌다. 침례세례 요한이 군인들에게 말했던 것, 겟세마네에 당도하기 전에 예수께서 하셨던 말씀, 사무엘이 사울에게 말했던 내용, 성전을 청결케 할 때 채찍을 사용하셨던 예수의 모습에 근거하여 원리상 전쟁 승인을 끌어오려는 모든 시도는 실패할 수밖에 없다.

하지만, 참전을 정당화하려는 진지한 논쟁에 대해서는 존경을 표시해야 한다. 이런 논쟁이 조금 전 언급했던 지지할 수 없는 주석학적 관점과 항상 명백히 구별되지 않는다. 그러나 그것은 또 다른 근거가 있으며 가장 순수한 형태의 비저항은 그리스도인을 위한 하나님의 뜻이며, 전쟁은 악하다는 사실을 그들도 인정한다. 이러한 양보에도 제삼자가 개입되는 사회적 상황에서 비저항은 악의 문제에 대한 충분한 대답이 아니라고 주장한다. 개인으로서 그리스도인은 다른 뺨을 돌려대야 한다. 하지만, 사회에서 그는 나쁜 이웃에 대항하여 선한 이웃을 보호할 책임이 있다. 간단히 말해, 우리가 살펴본 바와 같이 국가의 경찰 기능의 수행이다. 선한 이웃은 전적으로 선하고, 악한 이웃은 전적으로 악하다는 뜻이 아니다. 그러나 문제의 갈등 상황에서 한 이웃의 이기주의는 다른 이웃의 이기주의보다 질서와 정의에 더 밀접한 일치를 보인다. 따라서 그리스도인의 의무는 국가의 기능을 통해 이런 방식으로 질서와 정의 유지에 공헌하는 것이다. 전쟁과 전쟁보다 더 나쁜 독재정치의 연장을 어쩔 수 없이 허용해야 한다는 것을 양자택일해야 할 때, 극단적 경우로서의 전쟁은 정당화된다.

우리는 이러한 관점의 성실성과 일관성을 인식해야 하며, 그 관점의 찬성자들은 자신들이 천사라거나 혹은 십자군 참여는 신적 사명이라고 주장하지 않는 정직한 현실주의라는 점을 인정해야 한다. 국가의 기능에 대한 이와 같은 견해는 오직 진실하고 믿을만한 것이며, 먼저는 야훼, 그다음으로는 그리스도의 주권 아래 있는 국가의 경찰 기능에 대한 성서에 따른 관점과 일치한다.

그것이 바로 정확하게 우리가 반대하는 것이다. 이 견해는 옛 시대에 대한 현실주의적 분석에 근거한 것으로 새로운 세계를 전혀 이해하지 못한 소치다. 그것은 구체적으로 기독교적이지는 않지만, 사회적 윤리에 대한 정직한 체계에는 들어맞을 수 있다. 만약 그리스도께서 성육신하시고, 죽고, 부활하고, 하늘에 오르시고 당신의 영을 보내신 것이 결코 아니라면 이러한 관점은 가능하다. 비록 특별히 명백하고 객관적 표현이 부분적으로 기독교적 통찰력으로부터 기인한 것이라 할지라도 말이다.

세간에 널리 퍼져 있는 전쟁에 대한 태도와 사회의 본질에 대한 의문들, 특히 현대 에큐메니컬과 신정통주의 또는 '세련된 자유주의' 진영에서 표현하는 현대의 표어는 '책임'이란 용어이다. 이 용어는 극도로 위험한데, 그것이 말하는 내용의이 문제가 있어서가 아니라, 그것이 논점을 교묘히 피한다는 것과 모호성 때문이다. 중요한 문제는 그리스도인이 사회 질서에 대해 책임이 있는가의 여부가 아니라, 그 책임이 **무엇인가**이다. 그러나 이러한 표어를 사용하는 사람은 그 표어가 전쟁에 대한 궁극적 가능성을 포함하여 구체적인 방식으로 표현되어야 한다는 결론에 대한 일정의 책임이 존재한다는 확신에서 진행한다(이 책임에 대한 **그들의** 개념 정의에 포함되어 있다).12) 여기에서 오류는 사회질서에 대한 진짜 기독교적 책임이 존재한다는 확신이 아니다. 오히려 복음과 상황이 어긋날 때, 복음이 아니라 오히려 기성 질서 안에서만 규정된 책임감에서 나온 (일반적으로 확인되지 않고 공언되지 않은) 전제에 있다. 죄악된 상황 자체가 규범이 되며, 계시로부터 유래한 기독교 윤리는 있을 수 없다.

우리는 사회 질서에 대한 그리스도인의 진정한 책임이 존재한다는 것을 지금까지 보아왔다. 그러나 정확히 말하자면 증언의 대상 사이를 구분해야만 한다. 우리는 콘스탄틴의 출발점인 "책임 있는" 입장에 대한 기본적인 오류를 발견한다. 이 출발점은 무엇보다 먼저 기독교 윤리의 **행위자**에 관하여 혼동으로 이끈다. 교회와 세상의 차이가 대체로 사라지기 때문에, "책임 있는" 교회는 그리스도인뿐만 아니라 비그리스도인에게도 작동하는 윤리를 설교하려고 노력할 것이다. 그렇지 않으면 사회 속에서 모든 사람이 자신을 그리스도인으로 간주하기 때문에 교회는 성령의 능력을 소유하고 올바른 희망을 품은 사람들을 위해서가 아니라 기독교는 순응하는 것이라고 말하는 사람들에게 윤리를 가르칠 것이다. 이것은 시작부터 기독교 윤리를 참된 빛 가운데 두려는 가능성을 처음부터 배제하고 있으며 그들이 옳지 않다고 주장하는 한에서 유용하며 일관된 기독교를 소수에게나 유용할 법한 "예언자적 소명"으로 만든다.

그러나 사회적 관심에 대한 정의의 가장 진지한 비판은 새 시대보다 옛 시대를 선호하는 것이며, 교회의 선교와 역사의 의미를 죄로 가득한 사회를 세우는 국가의 기능과 동일시하는 것이다. 이러한 선호는 아주 깊이 뿌리박혀 있으며, 의문의 여지조차 없기에 감히 의문을 품는 것은 수치스러울 정도로 사회에 무책임한 자라는 뜻의 "분파주의자"로 간주한다. 이것은 전체적으로 미국 교회들이 종말론에 대해 질문을 받을 때 당혹스러워하는 이유이다. 그러나 신약성서에서 분명한 것은, 역사의 의미란 국가가 점진적으로 더 참을성 있는 사회 질서를 세워가는 방식이 아니라, 교회가 복음전도와 누룩 발효 과정을 통해 성취된다는 것이다. 교회에 "메시아적 자의식"은 현대의 세계관에 동조하는 사람들에게는 가장 거슬리는 것으로 보이지만, 바로 그것이 성서에서 우리가 찾는 내용이다.

그리스도인이 사회에서의 경찰 기능을 수행하지 않음으로써 그리스도인은 악인들이나 "악마적인 사람들"에 대한 이 역할을 저버리고 있다는 주장이 종종 제기된다. 다시 말하지만 이러한 논리는 확실히 전혀 성서적이지도, 그렇다고 전혀 현실적인 것도 아니다. 그 이유는 (a) 경찰 기능은 마성적이기 때문이 아니라 그리스도의 통치를 위해 포기해야 하기 때문이다. (b) "발효" 과정을 통해서, 즉 급진적 기독교를 선택하지 않은 아이들의 모본이나 그들의 교육을 통해서 기독교화된 도덕이 비기독교인의 심성 속에 스며들었다. 그 결과로 비기독교적 사회의 윤리적 목소리가 더 나은 방향으로 변화되며, 교회가 숫자상으로 충분히 강해져서 '책임'이 중요한 개념이 되기 이전에, 정부를 운영할 수 있을 만한 존경받는 정직한 사람들이 생겼기 때문이다.(사례: 퀘이커교, 감리교, 미국 개척 시기의 부흥 운동은 성공회와 청교도들의 정치 활동보다 앵글로 색슨의 민주주의 전통에 더 많은 윤리적 기조를 형성했다.—다시 한 번 발효는 정치보다 탁월한 일을 수행하였다.) (c) 올바로 해석된 교회의 예언자적 기능은 정치 조직으로 가담하는 것보다 불의에 대항하는 데 있어서 보다 효과적이기 때문이다. (d) 잠재적 권력을 통해 남용이 도를 넘어서지 못하도록 바로잡는 힘이사야 10장의 앗수르이 언제나 존재하기 때문이다.

이러한 '책임성' 정신 구조의 범주 내에서 "더 작은 악"lesser evil이란 주장이 이루어진다. 폭력과 전쟁이 선하다는 주장을 거절하는 정직함은 칭찬받을 만하지만, 그 용어를 사용하면 여전히 더 논리적인 혼선이 드러난다. 일반적으로 행위자, 악의 본성, 악을 비교하는 기준, 목적에 대한 수단의 관계 등 그 어떤 것도 명확하게 규정되지 않으며, 유래에 있어서도 훨씬 비성서적이다.

이 점에 대해 몇 가지 이유있는 비판은 차치해 두고, '더 작은 악'에 대한 주장을 논리적으로 가장 잘 변호할 만한 형태를 가정해 보자. 이웃 사람인 김씨를 향한 사랑 때문에 다른 이웃인 이씨가 김씨를 공격한다면 김씨를 보호해야 할 의무가 있다. 그렇게 하지 않는다면 이씨의 공격 죄에 나도 참여하는 것이기 때문이다. 이씨에 대항하여 방어적 폭력을 행사한 죄는 다음의 두 가지 중 하나의 이유 때문에 김씨에 대한 공격적 폭력을 허용한 소극적 죄보다 '더 작은 악'이다. 즉 이씨가 공격적이기 때문이거나 김씨가 내 친구나 친척, 아니면 동료 시민으로 이씨 보다 김씨에 대해 더 많은 책임이 있기 때문이다.

여기에서 비저항주의의 대답은 당치도 않은 말이며 십자가의 스캔들을 끝까지 밀어붙일 수밖에 없게 된다. 만일 십자가가 아가페로 정의된다면, 그것은 다음과 같은 사실을 부정한다:

a. '자기 자신'의 가족, 친구, 동포가 원수보다 더 사랑해야 하는 대상이라는 사실.

b. 공격자의 생명은 공격받은 자의 생명보다 덜 가치 있다는 사실.[13]

c. 악을 방지할 책임(이웃 이씨를 감시함으로써)은, 그것이 공격자의 죽음과 관련이 있을 때에도 사랑의 표현이다(그것은 자비로운 감정이란 의미에서의 사랑이지 십자가에 의해 정의된 아가페의 의미에서의 사랑이 아니다).

d. 악이 일어나도록 허용하는 것은 그 일을 서시르는 것만큼 비난받아 마땅한 일이다.

위 네 가지의 부정은 이것을 긍정적인 발전으로 취급한다는 것을 암시한다. 여기에서 그것을 더 진전시켜봐야 반복일 따름이다. 이러한 부정이 언어도단처럼 보이는 것은 서구 기독교의 정신 구조가 얼마나 철저하게 콘스탄틴화 되었는지, 즉 이교에 의해 그리고 윤리적 절대ethical absolutes로서의 구체적으로 인간을 결속하는 전기독교적pre-Christian 개념에 의해 영향을 받았는지를 보여준다.

이 논의가 전쟁 문제와 관련지어 표현될 때, 그것의 관례적인 표현은 독재정치는 전쟁보다 악하다는 주장이다. 행위자의 혼돈(독재정치는 폭군의 실수요, 전쟁은 우리에게 속한 것이다) 이외에도 이것은 목적과 수단이란 질문을 진지하게 제기한다. '절대' 윤리에서 수단과 목적은 서로 분리할 수 없으며, 예측 가능한 성공에 대해 어떠한 적법한 계산이란 있을 수 없다. 그러나 "더 작은 악"의 윤리학에서 결과를 비교했을 때 그 차이가 중대하며, 모든 역경과 이상한 모든 것에 대해 죽을 때까지 투쟁하는 신비적인 논의들이 거절된다면, 국가가 보호하는 문화적 가치와 함께 국가 자율성은 핵-세균-화학전에서 그리고 전쟁과 연루된 '자유' 국가의 전체주의화 가운데서 파괴되는 것보다 더 큰 손실이 발생할 것이다. 간디 이외의 어떤 누구도 폭정에 굴복하지 않았기에 비교하기는 어렵다. 그러나 2차 세계대전에서 히틀러에게 가장 폭력적으로 저항했던 국가는 그로 말미암아 큰 고통을 겪었다. 기독교적 제자도로 보자면 로마 점령군에 대한 예수의 태도와 열심당의 목표와 방법에 대한 그분의 거부, 기독교 역사의 초기 1세기로부터 분명히 알 수 있는 사실은 전쟁은 독재정치보다 선호할 만한 것이 아니라는 것이다. 즉 독재적 지배로부터 국민을 해방하려는 의도라 할지라도. 그것이 사랑이 결여된 수단의 사용을 정당화하지 못한다. 사실상 하나님은 특히 사람들의 정치적 자율성에 관심이 있으며, 하나님은 현대 국가에 특별한 사명, 국가의 생존 자체를 선으로 만드는 사명을 부과하신다는 주장은 현대의 특수화된 콘스탄틴주의라는 이교적인 모습과 정확하게 일치한다. 개인의 생존은 그리스도인에게 있어서는 그 자체가 목적이 아니다. 그러니 국가의 생존이야 오죽하겠는가.

　"더 작은 악"의 논의에 대한 두 번째 반대는, 서로 상응하는 가설적인 악을 측정하는 방식과 마찬가지로 인간이 자신의 행동 결과를 계산하는 것이 불가능하다는 데 있다. 특히 예방하려는 악에 대항하여 저지르는 악을 측정하는 것도 그렇다. 자신의 계산을 토대로 그 위에 윤리적 결단을 기초하는 것은 그 자체가 이미 윤리를 희생하는 기회주의이다. 그러한 계산은 매우 불확실하며, 이는 인간 지식의 한계와 인간의 교만에 의해 객관적 진리를 왜곡하기 때문이다. 기독교적 수준으로 우리의 비판을 전환해 보면, 역사 가운데서 하나님께서 일하시는 방식은 종종 경건하고 신실한 사람들의 예측을 난처하게 만드는 것처럼 보였다. 특히 하나님의 역사하심이 국가 번영과 아주 밀접하다고 예측했던 사람들에게는 더더욱 당황스런 일이었다. 역사에 대한 가장 중요한 공헌은 종종 권력의 자리에서부터 예측된 더 작은 악을 조정하고자 했던 사회 전략가가 아니라, 오히려 종말론적 의식이 일견 무책임한 행동 방식으로 보였던 "분파주의자들"에 의해서 이루어졌다. 옛 시대의 사회보존에 공헌하기 위한 가장 효과적인 방법은 새로운 시대에서 살아가는 것이다.

세 번째는 비록 주목받지 못한 것은 사실이지만, "책임있는" 학파에게는 기본적으로 중요한 것으로 역사적 현실 속에서 "더 작은 악"이라는 논증의 효과가 그 의도와는 정반대로 나타난다는 사실이다. 일관성 있게 적용한다면, 이 논의는 대부분의 전쟁과 전쟁에 대한 원인 대부분을 규탄하며, 최후의 수단으로서만 엄격하게 규정된 제한을 조건부로 전쟁을 허용한다. 그러나 교회의 증언에 대한 이 논의의 실제적인 효과는 적어도 국가가 준비하는 전쟁을 정당화하는 것이다. 적어도 이 전쟁은 최후의 수단이기 때문이다. 이 입장은 의도적으로 일정 한도 안에서 전쟁을 억제하고 어쨌든 전쟁중이거나 준비되고 있는 전쟁을 비난하는 반면, 신학자들의 말에 귀를 기울이는 사람에게는 전쟁이나 전쟁의 위협에 가장 먼저 의존하도록 영향을 끼친다. "더 작은 악" 논증을 현 시대에 일관되게 적용하게 되면 실용주의적(절대주의자가 아닐지라도) 평화주의로 귀결되거나 비폭력 저항이라는 수단을 지지하는 것으로 귀결되는 반면, 실제로 그것은 군사주의에 의한 현대사회의 지배를 효과적으로 반대하지도 못하고 오히려 그러한 지배를 용납하도록 교회에 권한을 부여한다.

1950~51년, 칼 바르트가 훗날 『교회교의학』*Church Dogmatics*의 III/4권이 될 강의에서 전쟁과 그와 관련된 질문을 다룰 때였다. 그는 거의 한 시간 내내 전쟁의 구체적인 대의명분을 실질적으로 비난하였다. 학생들은 점점 더 불편해했는데, 그가 평화주의는 "거의 무한정적으로 옳은 것이다"라고 말했을 때, 특히 그랬다. 특정 국가에 맡겨진 자국 방어라는 '신적 소명'이란 개념과, 스위스가 치렀던 전쟁은 이론상으로 용인될만하다고 선언한 바로 그때 변증법적 뒤틀림이 나타났다. 처음에는 "그가 성공하지 못할 것"이라는 분위기 속에서 긴장감이 감돌았다. 여기에서 중요한 것은 바르트가 말한 것과 학생들이 이해한 것 사이에서 나타난 차이이다. 비록 칼 바르트의 가르침의 일관적인 적용이 작은 기독교 공화국의 독립을 방어하기 위해 싸웠던 전쟁을 제외한 모든 전쟁을 비난했을지라도, 바르트 자신이 사실상 "실용적 평화주의자"14)라고 부르면서 핵무기를 절대적으로 반대하는 뜻을 취했을지라도, 모든 어중간한 지식인 그리스도인은 칼 바르트가 전쟁에 반대하지 않는다고 생각한다. 마찬가지로 미국 군사 방어태세에 대한 라인홀드 니버의 정당화는 미국의 애국주의자들이 니버 자신이 용납할 수 있던 것보다 훨씬 더 비타협적 군사주의를 정당화한다고 생각한 루스Luce에 의해 사용된다. 신학자의 진술이 잘못 해석되는 경향은 또한 "정치적 현실"의 일부분이다. 따라서 심지어 그 현대 신학자의 비상한 통찰력과 현실적인 분석조차도 콘스탄틴적 타협의 추진력 앞에서는 무기력할 수밖에 없다. 일단 국가

가 하나님의 진노의 대리자로 예외적으로 권한을 부여받았다고 가정하자마자, 이교주의의 유산은 권위 있는 하나님의 승인을 받은 이후로 신속히 일반화가 이루어지고 만다.

---

1) "그리스도, 세계의 희망"이란 주제 아래 일리노이스의 에반스톤에서 1954년도 여름에 계획된 세계교회협의회 제2차 총회가 헤렌베겐 콘퍼런스의 주제를 이처럼 설정했다.

2) 이 특별한 목록의 주요 긍정들은 C.H.Dodd의 *The Apostolic Preaching and Its Developments*, Willett, Clark and Company, 1937, 특히 9~15쪽에 언급되어 있다.

3) 이 구절은 그 당시 신학적 대화에서 지배적 용어였던 "옛 세대의 징조 하에 있는" 인간 공동체의 구조를 명시하기 위해 '정치적'이란 용어를 사용하고 있다. 이 책의 나머지 부분은 더 현대적이면서 더욱 유용한 용어에 집중하고 있는데, 그 속에서 그리스도의 사역과 뜻은 이 용어에 대한 가장 적합한 의미로 '정치적'인 것을 말하며, 인간의 공동생활인 폴리스(polis)와 관계가 있다. 저자는 강력하게 자신의 현대적 용어를 선호하는 반면, '정치적'이란 특별용어를 수용함으로써 이 책의 나머지 부분에서 말한 것과 그 용어를 거절함으로써 위(1954)의 구절에서 언급된 것 사이의 차이는 의미론적으로 다르다.

4) 행2:17의 오순절에 행한 베드로의 설교는 오순절을 요엘 2:28의 성취로 해석하고 있다.

5) 히8:8~12는 새로운 언약을 렘31:33의 언약의 성취로 묘사하고 있다.

6) 『예수의 정치학』 제8장에서 그리스도의 고난에 대해 보다 자세히 다루고 있으니 그것과 비교해 보라.

7) "불순종하는 이스라엘의 대체"란 구절로 말미암아 신약의 저자들을 주 후 2세기의 반셈족주의자로 이해해서는 안 된다. 이스라엘의 불순종은 히브리 예언자의 일관성 있게 반복된 주제였다. 사도들의 증언은 이스라엘이 쫓겨난 것이 아니라 이스라엘이 이방인을 언약 속으로 이끈 새로운 형태 속에서 회복되거나 재발견된 것임을 말하고 있다.

8) Oscar Cullmann, *The State in the New Testament*, Scribner, 1956.

9) 이 논문이 처음으로 발표된 헤렌베겐(Heerenwegen) 콘퍼런스는 역사적 평화교회 후속위원회(Continuation Committee of the Historic Peace Churches)와 국제 화해단(International Fellowship of Reconciliation)의 운영위원회 이후 즉시 개최되었으며, "평화는 하나님의 뜻이다"는 문구를 위한 수정 작업을 완성했고, 그 후 에반스톤 모임 직전에 세계교회협의회(WCC)에 공동 제출되었다. "평화는 하나님의 뜻이다"는 문구는 1970년 역사적 평화 교회와 런던, 파리, 스콧데일의 국제 화해단에 의해 그리스도인과 전쟁(The Christian and War)이라는 에큐메니컬 대화로부터 나온 문헌집에 다시금 재출간되었다.

10) 이 개념은 나의 소책자, *The Christian Witness to the State* (Faith and Life Press, Newton, Kansan, 1964)에 더 자세히 설명되어 있다.

11) 본문에서 '그리스도인'이란 용어는 규범적 자세와 마음의 상태를 언급한다. 자신을 '그리스도인'이라고 부르는 사람들은 이 설명에 맞게 살아가야 한다거나 그들 중 대부분이 그렇게 살고자 한다고 주장하는 것이 아니다. 마찬가지로 '이교도'란 다른 종교의 특별한 추종자들을 가리키는 것이 아니라 부름 받은 기독교적 고백에 대한 불신앙이나 우상숭배적 자세를 지칭한다. 역사적 과정에 대한 기독교적 비전에 대한 개념을 더욱 깊이 있게 설명한 것을 원한다면 앙드레 트로끄메(Andre Trocme)의 *The Politics of Repentance*, Fellowship, 1953와 Herbert Butterfield의 *Christianity, Diplomacy, and War*, Abingdon-Cokesbury, 1953, 특히 "Human Nature and Human Culpability" 장의 41쪽 이하를 참조하라.

12) "책임감 있는"이란 단어가 개신교의 정치윤리 토론에서 거론된 정확한 논증적 의미는 뒷장 "그리스도, 세상의 빛", 특히 127쪽에서 더 심도 있게 분석되어 있다.

13) 친구보다 그리스도인의 윤리적 책임의 대상으로서 원수를 선호하는 것은 마태복음 5장과 누가복음 6장에 분명하게 진술되어 있다. 그것은 하나님 사랑의 속성에서 발견되는 것으로, 그분은 반역적 인간을 사랑하고 그들의 회복을 추구한다는 의미에서 자신의 원수를 사랑하신다. 나는 *The Pacifism of Karl Barth* (Church Peace Mission, Herald Press, 1964) 소책자와 더 장황하게는 *Karl Barth and the Problemof War*, Abingdon-Cokesbury, 1970에서 바르트의 입장을 상술했다.

14) Karl Barth, *Church Dogmatics* IV/2. T & T Clark, 1958, p. 550. 독일어 원본은 그의 입장이 대중적으로 주어진 해석보다 훨씬 명백하게 핵심을 짚어낸다. *Die Kirchliche Dogmatik* IV/2, Evangelischer Verlag, 1955, p. 622.

4장 아브라함이 우리의 조상이라면

비저항 혹은 평화주의에 헌신하는 예수 그리스도께 충성하는 그리스도인들이 피할 수 없는 한 가지 해석상의 문제는 구약에 존재하는 쟁점이다. 히브리 성서의 내러티브를 읽는 현대 독자에게 주는 인상은 구약은 폭력을 용인할 뿐만 아니라 조장하고 미화한다는 사실이다. 이런 인상은 구약 성서 전체에 걸쳐 나타나고 있으며 일관되게 그러한 논리를 펴고 있는 듯이 보인다. 이런 현상은 특히 다음의 형식에서 뚜렷히 나타난다.

a. 모세, 여호수아, 사사 시대의 거룩한 전쟁.

b. 용서가 아닌 다른 정신을 고취하고 있는 것 처럼 보이는 사형 조항이나 사형에 못 미치는 보복 조항을 담고 있는 모세 오경의 시민법.civil legislation

c. 북이스라엘과 남유다 왕국이 존재함에 있어서 왕조의 운명을 좌우했던 중요한 내러티브.

d. 이스라엘 대적의 파멸을 기대하면서 기뻐하는 저주 시편과 예언자적 비전.

이러한 문제를 더욱 철저히 분석하기 이전에 예수와 그분의 사역, 그분의 방법을 구체적으로 이해하려는 사람에게 한 가지 문제가 있음을 알아야 한다. 따라서 다음 설명에서 나타난 견해(어떤 견해는 불충분하다는 비판을 받을 수 있다)는 '선 헌신' prior commitment이란 공통점에서 있음을 인식해야 한다. 여기에서 우리가 직면하는 문제는 신약성서가 비저항을 요구한다는 것에 **동의할 때** 발생한다.

이런 문제를 직면하면 여러 개의 가능한 설명이 존재하는 것처럼 보인다. 그것들은 모든 세기에 걸쳐 되풀이되고 있다.

새로운 세대Dispensation

예수의 윤리적 요구를 가장 집중적으로 담은 산상수훈은 "옛 사람에게 말하기를 … 한다는 것을 너희는 들었다. 그러나 나는 너희에게 말한다"는 문구를 여섯 차례나 반복한다. 이곳에서 예수는 이전 것을 단순 명쾌하게 파기하는 새로운 시대era 혹은 새로운 세대dispensation의 시작을 알리는 것이 분명하다고 많은 사람들은 생각한다. 따라서 옛 시대의 신성한 저술구약과 모순되는 것 때문에 더는 당황할 필요가 없다. 예수는 더는 그것들에게 얽매일 필요가 없음을 몸소 선언하셨다. 첼치츠Cheltchitz의 피터, 초기의 일부 아나뱁티스트와 퀘이커교도, 톨스토이와 수많은 현대 개신교도에게 완전히 참신한 이 새 언약은 이 문제에 대한 답이 될 수 있다.

새롭게 형성된 세대 개념은 종교적 진리에 대한 진보적 또는 진화론적인 개념에 대한 현대의 많은 신학적 성향과 양립 가능하다. 하지만 이 개념은 또한 하나님의 주권이란 보수적인 개념과도 양립 가능한 것으로, 자신의 질서를 바꾸고 인간이 살아갈 수 있는 새로운 토대를 세우는 것(외견상으로 불일치 혹은 모순처럼 보여 설명할 수 없지만)은 그 분의 특권에 속한다.1) 따라서 "세대주의"라 알려진 개신교의 매우 보수적인 학파는 하나님께서 자기 백성과의 관계를 통제하려고 두 개가 아니라 여러 개, 많게는 일곱 개의 다른 계획을 선택하셨다고 본다. 한 세대에서 다른 세대로의 전환이 역사의 진행방식이다. 하나님께서 목적을 가지고 모든 움직임을 만들어내기 때문에 인간이 그런 전환 가운데 모순을 분별하려는 시도는 아주 무례한 행위에 해당한다.

따라서 이와 같은 '세대주의적' 해석은 기독교 평화주의자들 가운데서 보다 엄격하고 체계적인 심성을 가진 사람들에게 큰 매력이 있다. 그럼에도, 몇 가지 심각한 결점도 있다.

1. 예수는 구약을 폐기한다고 말씀하지 않았다. 예수께서 '폐기한' 본문 중 그 어떤 것도 구약성서로부터 인용한 것이 아니다. 오히려 그것들은 구약성서 명령의 본래 의도를 오역하거나 오용하고 있음을 보여주고 있다. 어떤 경우에 그는 구체적으로 이전 말씀구약의 의도를 예리하거나 명료하게 했으며, 그 속에서 어떤 결점도 찾지 않았다. 6회에 걸친 "그러나 나는 너희에게 말한다"로 시작하는 서론으로 그는 서기관이나 바리새인의 의보다 더 큰 의를 요구하며, 율법을 폐지하러 오신 것이 아니라 율법의 가장 작은 것까지도 완성하러 왔다고 말씀한다. 따라서 구약의 율법을 의식적으로 파기한다고 보는 것은 산상수훈의 맥락에 심각한 폭력을 가하는 것이다.2)

2. 확실히 율법 조항의 폐지를 말할 때 엄격한 논리를 적용해야 한다면, 구약의 폐기를 선언하는 것이 과연 정당한지 그리고 무슨 권위로 그렇게 하는지를 아주 분명하게 해야 한다. 구약성서 전체인가, 아니면 단지 특수한 율법 조항만이 폐지된 것인가? 만일 일부만이

폐지된 것이라면 그것이 무엇이며, 여전히 유효한 것은 무엇인지 어떻게 결정할 수 있단 말인가? 우리는 과연 유대인 예수가 자기 백성의 성서의 권위가 땅에 떨어졌음을 믿었다고 말할 수 있을까? 모든 것이 폐지된 것이 아니라면 남아있는 것이 무엇인지를 결정하는데 아주 조심스러운 절차가 필요하다. 그처럼 조심스러운 절차란 자명하지 않으며, 세대주의 신학자들도 명백하게 제시하지 못한다. 사실 그들 중에는 신약성서의 비저항에 대한 분명한 명령조차도 발견하지 못한다. 왜냐하면, 산상수훈을 현 시대의 교회가 아닌 다른 시대로 떠넘긴다. 하나님께서는 자신의 피조물에 대한 율법을 처방하고 그 율법을 변경할 권리가 있다는 설명불가한 주권에 호소하는 것은 괜찮을 수 있다. 하지만, 피조물이 그러한 판단을 내리고 하나님이 그렇게 말씀하지 않은 것이 분명한데도 변경된 목적을 하나님 탓으로 돌리는 것은 전혀 다른 문제이다.

(세대) 전환의 원인과 이유, 전환의 범위와 특성을 측정하기 위한 보다 분명한 방식이 없으면, 전면적으로 세대가 전환된다는 주장 때문에 이스라엘의 신앙과 유대인의 소망을 예수가 성취했다는 주장과, 성서의 하나님은 신실하시고 신뢰할 만한 증언자라는 주장은 심각한 위험에 빠지게 된다. 마태복음 5장의 예수의 말씀은 겉으로 보면, 우리의 문제를 해결해 주지 못하는 것처럼 보인다. 우리 문제를 해결해 준다면, 예수의 말씀이 의도가 불분명한 구약성서의 모든 문제를 해결해 줘야 한다고 요구할 것이기 때문이다.

단계의 이동; 불순종으로 말미암은 허용

"그러나 나는 말한다"는 예수의 말씀을 하나님의 목적의 근본적인 변화가 아니라 그 목적의 개념 정의와 현실에 새로운 단계를 가리키는 것으로 해석할 수 있다. 하나님의 목적은 항상 동일하지만, 인간이 하나님의 온전한 뜻을 수용하거나 그 뜻에 복종할 의지가 없거나 준비가 되어 있지 않아서 하나님께서는 일정부분 허용할 수밖에 없었다고 말할 수도 있다.3) 옛 세대에서 새로운 세대로 전환이 발생하지만, 이러한 전환은 허용의 종결이나 철회이다.더는 허용되지 않는다는 뜻-편집자주

이런 해석의 가장 강력한 지지는 신명기 24장의 이혼에 대한 조항과 관련된 마태복음 19장 본문이다. "모세가 너희 마음의 완악함 때문에 아내 버림을 허락하였거니와 본래는 그렇지 아니하니라"마19:8 이제 예수는 하나님이 창조하신 창조 목적에 관한 총체적 지식이나 그분에게 순종할 가능성을 회복하셨기 때문에 인간의 강퍅한 마음이나 닫힌 마음으로 말미암은 허용은 철회될 수밖에 없다.

이런 입장은 전술한 것보다 확실한 논리적 이점을 가지는 것은 사실이다. 게다가 그 입장은 하나님의 대처 방식에 있어서 실질적 이동, 즉 실질적 변화가 있음을 인식하는 것이다. 하지만, 이러한 이동 즉, 하나님의 독단적인 결정이나 그 분의 불가해한 목적의 변화에 대해서는 비난을 면키 어렵다. 하나님이 아닌 인간에게 허용에 대한 책임이 있다. 그러한 허용은 하나님 인내의 속성 때문이지 그분의 뜻이 아니었다.

이와 같은 접근방법으로는 전쟁과 국가에 대한 또는 이혼의 가능성에 대한 구약의 입장과 비저항적 사랑의 의의와 결혼의 항구성에 대한 신약의 입장간의 공통된 척도를 증명하기 어렵다. 신구약의 논리적 유사점이 존재하더라도 차이가 그리 크지 않을 것이며, 신구약에서는 상대적으로 비중있게 다루지 않은 이혼이라는 윤리적 문제에 관해서는 아

주 분명하게 '신적 허용'divine concession 개념이 이루어진다. 반면에 훨씬 광범위하게 나타나는 전쟁에 관해서는 그러한 허용이 결코 표면화하지 않는다는 사실은 아주 놀랄만한 일이다.

이러한 접근법은 구약성서 자료 중 어떤 것에도 적합하지 않다. 구약은 결코 이혼을 명령한 적이 없다. 단지 마지못해 허용한 것뿐이며, 문맥상 주된 목적은 이혼의 억제이며 여성의 존엄성 보호에 있다. 따라서 이 법은 표면상으로는 '허용'이란 주제를 지지해 주는 것처럼 보인다. 그러나 거룩한 전쟁에 대해서는 그렇게 말하면 안 된다. 나레이터와 예언자들의 평가가 애매모호한 이스라엘 국가의 정체성과 특히 왕정 제도의 선택에 관한 일부 내러티브에 대해서는 그렇게 말할 수도 있다. 사형 제도와 거룩한 전쟁에 대한 명령에서 허용 개념은 구약에서는 확실히 낯설다.

교육상의 허용

어쩌면 하나님은 (인간) 마음의 완악함 때문이 아니라 순진무구한 원시 시대의 도덕적 미성숙함 때문에 수정하는지도 모르겠다. 폭력의 파괴성과 사랑의 구속적 능력에 대한 통찰력은 어느 정도 발전한 문화에서만 이해할 수 있는 세련된 문화적 사유일지도 모른다. 모세와 여호수아 시대의 거칠고 문맹인 부족에게는 너무나 큰 요구일 것이다. 하지만, 후기 예언자와 바벨론 포로 경험, 로마 통치 시대라는 문명화 진입 시기에 서 있던 예수 시대에는 그러한 명령의 본뜻이 무엇인지 충분히 상상할 수 있게 되었다.

이러한 교육상의 허용 개념은 두 살짜리 자녀에게 성냥이나 전기 플러그를 만지지 말라고 명령하는 부모와 몇 년 후 그 자녀에게 성냥이나 전기 플러그 사용법을 가르치는 부모의 차이로 비교될 수 있다. 이 부모가 일관성이 없는 것도, 불이나 전기의 속성이 변한 것도 아니다. 다만, 그것을 이해하고 사용하는 자녀의 능력에 변화가 있을 뿐이다. 전에 금지되거나 해로운 것을 사용하는 방법을 이해할 때 어떤 행동은 허용될 수도 의무화될 수도 있다.

이런 입장이 지닌 한 가지 문제는 진화론적 자유주의 신학적 관점과 전통적 상관관계를 지니고 있다는 사실이다. 이런 입장을 취하는 것은 객관적 근거로 정당화하기 어려운 도덕적 우월성이란 의미로 고대 이스라엘을 깔보는 것이다. 오히려 성서 내러티브의 권위에 대해 다소 무신경한 태도를 보이며, 분명하고 긍정적인 신적 가르침을 "미성숙에 의한 수정"이라는 표제 아래에 포함할 수 없다. 또한, 자녀가 불을 사용함에 대한 유비는 완전히 뒤집힐 수 있다. 이스라엘 전쟁의 경우, 명령이 먼저 오고, 금지 조항이 나중에 온다. 능력이 향상하면서 통찰력 있게 행동한다는 개념은 이 경우에도 적합하지 않다.

수준별 혹은 영역별 구분

구약의 전쟁을 신약의 비저항보다 덜 구속력이 있거나 덜 모본적인 것으로 해석하려는 관점의 약점을 살펴보면서 기독교 해석의 주된 흐름이 자료들을 다양한 수준으로 구분함으로써 문제를 해결했다는 것은 놀랄만한 일이 아니다. 신구약이 단순히 다른 주제를 말하고 있음을 깨닫는다면 신약과 구약을 화해시키는 일은 어려운 일이 아니다. 성경은 진리와 교훈이 영원히 유효하며, 아무런 모순도 발견할 수 없을 만큼 전체적으로 통일성을 유지한다는 사실을 인정할 수 있다. 그것은 한 유형의 주제를 다른 유형과 구분하는 것으로 충분하다.

구약에는 히브리인의 시민 생활을 다루는 이야기와 명령이 공존한다. 사회의 범법자와 적에 대항한 폭력 사용을 포함하여, 국가질서civil order 자체를 보호할 수 있게 하는 명령과 허용은 히브리인을 위해 적법한 동시에 우리 시대의 사형 제도와 국가에 의한 군사적 폭력 사용에 대해 계속해서 합법성을 제공해준다. 신약은 이것에 대해 부인도 철회도 하지 않는다. 신약성서가 그러한 주제를 다루지 않기 때문에 그렇게 할 수도 없다. 신약은 국가질서에 대한 어떠한 표준도 제시해주지 않는다. 이런 쟁점에 대해 언급하는 신약성서의 유일한 본문은 국가질서가 국가 안에서는 주인임을 인정하는 것들이다("가이사의 것은 가이사에게," "위에 있는 권세들에게 복종하라"). 비폭력, 권리의 포기, 전형적인 신약 윤리대로 고난을 받으려는 의지는 오로지 그리스도인 개개인을 향한 명령이며, 일차적 관계나 교회에서만 적용된다. 따라서 모순은 존재하지 않는다.

이런 접근은 지금까지 고민했던 문제를 해결하지 않아도 되는 큰 장점을 가지고 있다. 그것은 다만 문제를 옆으로 밀쳐둔 것일 따름이다. 여기에는 몇 가지 중요한 신학적, 논리적 약점이 있다. 개인과 사회 사이에 (그것이 허용된다면) 말끔하게 선을 그으려고 시도하거나 또는 신약성서는 가이사에게 단순히 복종하라고 명령하는 것보다 사회 및 국가질서에 훨씬 더 많은 말을 하고 있음을 깨닫게 될 때 그러한 약점들을 발견할 수 있게 된다. 근대 국가 질서의 규범이 된 구약성서의 시민 조항에 들어 있는 것이 무엇인지 질문할 때 의미가 명료해지면서 결점이 나타난다. 이것은 거룩한 전쟁에는 한 도시의 대학살이나 부모에게 말대꾸하는 젊은이를 돌로 치는 사형 제도 같은 구체적인 세부사항을 포함하고 있는가? 아니면 이것은 오로지 일반적으로 국가 질서 안에서만 유효한 것인가? 만일 그것만이 아니라면 원리와 세부사항 사이에서 어떻게 선을 그을 것인가? 이와 같은 접근의 근본적인 약점은 다른 이원론적 입장의 약점과 정반대로, 거룩한 역사의 과정에서 어떠한 움직임도 인지할 수 없는 것처럼 보인다. 역사는 자신의 증언에 따르면, 언약과 성취의 문제이거나 예측과 기대의 문제이며 그후에 있을 변화의 문제이다. 구약의 언약이 신약에 성취되었다는 것—편집자주

구체적인 역사 인류학적 의미

지금까지의 모든 관점(세대주의적 전환을 제외하고)은 신약에서 구약을 **거꾸로** 바라보며 문제를 설명하는 방식이다. 다시 말해서 하나님은 언제나 동일하시며, 궁극적으로 예수 안에서 가장 분명하게 계시되었다고 전제한다면, 어떻게 언제나 똑같으신 하나님이 이전 시대에는 다른 것을 바라실 수 있단 말인가? 이렇게 가정한 신적 의지의 정체성은 규정 외 문제를 만들어낸다. 그러나 그 이야기성경는 신약의 관점에서 구약으로 거슬러 올라가지 않았다. 오히려 의도적으로 정반대 방향으로 움직이고 있다.

만일 신약의 관점으로부터 구약을 바라본다면 둘 사이의 차이로 말미암아 놀라게 될 것이며, 그 차이란 살인이 금지되었는지 아닌지의 지점에 놓여 있는 것처럼 보인다. 하지만, 옛 이야기의 사건이 발생했던 시점에서 바라보고, 새로운 이야기로 이동하면 꽤 다른 성찰을 하는 것에 놀라게 된다. 그러므로 구약성서 읽기에서 나중에 일어난 사건과 어떻게 다른지를 묻지 말고, 차라리 **이전**에 지나간 사건과 어떻게 다른지, 또는 당시 팽배했던 사건이 무엇이며 나중에 발생한 사건을 향해 어떻

게 진행하였는지를 묻는 것이 훨씬 더 적절하다. 이런 방식으로 질문을 던진다면, 살인에 대한 다양한 명령은 기본적인 쟁점이 아니라는 것을 발견하게 될 것이다. 가장 근본적인 위험은 언약 공동체의 이해와 공동체를 부르시고 자신의 돌보심을 약속했던 하나님과의 관계이다.

아브라함에게 아들 이삭을 바치라고 주신 명령창22장에 대한 다양한 접근 방법으로 주석을 시작해 보자. 이 본문은 한결같이 그리고 체계적으로 서구의 윤리적 사고에서 오역됐는데, 이는 그 명령이 주어진 문맥으로부터가 아니라 오히려 현재로부터 판단하기 때문이다. 한 사람이 자기의 아들을 죽이는 것, 특히 피의 의식을 통해 그 아들을 희생하는 것은 도덕적으로, 문화적으로 혐오스런 것으로 우리는 생각한다. 따라서 그 이야기를 해석할 때 우리가 갖는 질문은 어떻게 사람이 그런 혐오스런 일을 하라는 명령에 연루될 수 있는지, 그리고 그런 일을 행하도록 명령할 권리가 있는 하나님의 절대적 주권에 대해 무엇이라고 말할 것인가 이다.

그러나 아브라함의 문화에서는 첫 아들을 희생제물로 바치는 것은 윤리적, 문화적으로 혐오스런 것이 아니었다. 인접 국가들은 모두 같은 일을 해왔다. 하나님의 요구가 우선이기 때문이고, 아내의 다산과 아내가 미래에도 확실히 다산할 수 있도록 하는 방식으로서 첫 아들을 희생제물로 바치는 것은 자연스러운 일이었다. 그리고 밭과 가축의 첫 소산을 희생제물로 바치는 것도 같은 이유이다. 다산은 결국 하나님의 선물이며 자궁의 첫 소산은 가축이나 무화과나무와 마찬가지로, 하나님께 속한 것이다. 따라서 만일 우리가 그 이야기 속에서 인간에게 끔찍한 것을 하라고 말씀하시는 모순적인 하나님의 명령을 보려고 노력한다면 아브라함 이야기를 완전히 잘못 이해하는 것이 된다.

현대의 또 다른 오해는 자녀에 대한 부모의 정서적 애착과 유사한 방식에서 생겨난다. 현대 서구의 인격주의는 아버지가 아들에게 깊은 정서적 애착을 갖도록 한다. 그리하여 현대의 아버지가 아들의 생명을 취하는 것은 술에 취해 분노하는 것을 제외하고는 어떤 마음 상태에서도 상상할 수 없는 일이다. 그렇기에 전통적으로 인간에게 자신의 본성이 추구하는 바와 모순되는 것을 행하도록 하는 끔찍한 하나님의 주권이나 모순적 성격이 말하는 바가 무엇인지 묻게 된다. 그러면서 또다시 우리는 현대적 관점에 갇히게 된다. 이처럼 아들에 대한 아버지의 정서적 애착은 설사 족장 시대에 존재했더라도 본능적으로 이 시대만큼 그리 강력하지는 않았을 것이다.

(아브라함에게 주어진 명령에 대한 해석에 도전함으로써 우리는 키에르케고르와 본회퍼 풍의 개신교 설교에 도전하고 있다. 그러한 설교는 하나님의 주권은 설명 불가능하다거나, 하나님은 비합리적인 만큼 자기 모순적이고 그 분의 능력은 우리의 분별력과 감성을 그 분 앞에 맹목적으로 굴복시키는 곳에서 가장 분명하게 나타난다는 고대의 이야기를 증거로 이용하려고 노력한다.)

그렇다면, 아브라함이 받은 시험은 무엇인가? 자신의 아들을 희생 제물로 준비하라는 순종의 시험이 윤리적인 이유나 부성애가 아니었다면 그 시험을 준 이유는 무엇인가? 그 이야기를 더 넓게 보면, 히브리서(11장)의 분석에서처럼 아브라함에게 쟁점은 그가 생존을 위해 하나님을 신뢰하는지를 확인하는 것이었다. 이삭만이 유일한 합법적인 아들이며, 하나님은 아브라함이 수많은 후손을 갖게 될 것을 약속하셨다. 그의 아들이 죽는다면 어떻게 아브라함이 그런 자손을 가질 수 있단 말인가? 따라서 위기에 처한 것은 하나님 자신의 약속과 하나님이 선포한 목적의 성취였지, 아브라함의 취향이나 이익이 위기에 처한 것이 아니었다. 문제는 "나의 이익을 하나님께 희생제물로 바칠 수 있는가?"가 아니라 "하나님이 스스로 자신의 목적을 위태롭게 만드는 것처럼 보일 때 나는 그분께 순종할 수 있는가?"이다. "하나님이 준비하신다"라는 대답은 우리 자신의 생존이나 위안이 아니라 하나님 자신의 목적을 위태롭게 만드는 순종의 합리성에 대한 재확신우리의 순종이 하나님의 목적을 위태롭게 만드는 것임에도 불구하고, 하나님의 뜻이기에 기꺼이 순종하는 것이 타당하다는 확신−편집자주이다. 4)

성경을 읽을 때 우리의 문화적 협소함에 대해 의문을 던지는 훈련을 하게 되면, 고대 이스라엘 시대의 거룩한 전쟁 현상에 주의를 기울 때보다 유연한 해석을 하도록 해준다. 여기에서 우리는 게하르트 폰라드Gehard von Rad의 폭넓은 개척자적 연구와 그리고 더 상세하지만 대부분 미출간된 밀라드 린드Millard Lind의 연구를 따르고자 한다.5)

고대 이스라엘에서 거룩한 전쟁은 어떤 종류의 사회 현상이었는가? 그것이 신약의 제자도와 어떻게 다른지가 아니라 문화적 정황 속에서 어떻게 그것이 혁신적인지를 물어야 하고, 말해야 한다.

요약하자면, 그 정황 속에서 아브라함 이야기를 어떻게 해석하려고 노력했는가?

(a) 우리는 똑같은 명령이 우리에게 어떤 의미가 있는지 자문함으로써 얻는 성급한 해석을 피하려고 노력해 왔다. (b) 우리는 그 이야기의 시간과 장소에 대한 문화적 관점에서 긍정적 의미를 해석하려고 노력해 왔다. (c) 그런 다음 우리는 '해석할 수 있는' 아브라함의 결단에 담긴 요소를 공식화하는 방식을 추구해 왔다. (d) 그렇게 함으로써 우리는 같은 설명에 대한 신약성서의 용례로부터 실마리를 이끌어냈다. 이런 방식으

로 자료를 해석할 때 살인의 옳고 그름의 쟁점이 단순히 처음부터 쟁점이 아니라는 것을 발견하게 된다. 만일 우리가 다루는 이야기의 종류에 맞는 해석을 하기 바란다면 말이다.

이러한 방침을 따라 초기 구약성서의 구체적인 종교 전쟁 이야기로 돌아가 보도록 하자. 우리는 홍해에서 사울에 이르는 내러티브 곳곳에 나타나는 요소들이 무엇인지 이곳에서 다루어야 할 것이다. 최근의 학문은 상당히 철저하게 분석한 연구물을 쏟아내고 있다.

먼저, 우리는 생명을 취하는 것의 옳고 그름의 문제는 이러한 이야기 속에서 나타나는 것이 아님을 알 수 있다. 이러한 말씀을 살해를 금하는 모세오경의 가르침과 연관시키려는 노력에는 논의의 여지가 없다. 이러한 상황만 아니라면, 살인은 잘못이라고 주장하는 것이 아니다(이것은 이교 철학적 전통으로부터 취하고, 후대에 교리화한 정당한 전쟁과 같은 노선일 뿐이다.) 이러한 말씀을 십계명의 살인 금지(이해한 대로) 규정이 전쟁과 어떤식으로든 연결지을 필요가 있다는 가능성도 아직까지는 찾아볼 수 없다.

고대 이스라엘의 거룩한 전쟁은 종교적이고 제의적 행사였다. "분리하다"를 의미하는 '헤렘' herem, 혹은 '금기' tabu라는 단어에 대한 여러 설명 속에는 한가지 분명한 뜻이 내포되어 있다. 가나안의 한 도시를 공격하기 전에, 그 도시를 "야훼에게 봉헌" 하는, 그곳에 살고 있는 거주민을 포함해 전체 도시를 희생 제물로 삼는 의식이었다. 승리 후의 피 흘림은 아버지나 어머니 또는 자녀의 생명을 앗아가는 것이라고 여기지 않았다. 오히려 "대적을 우리의 손안으로 넘긴" 하나님에게 드리는 엄청난 피 흘림의 제사였다. 대적은 개인적으로 증오의 대상으로서 간주하였기 때문이 아니라 훨씬 많은 제의적 방식 속에서 인간 제물이 되었기 때문에 죽임에 처했다.

이러한 제의적 상황은 당연히 경제적 부작용을 지니고 있다. 모든 노예와 대적의 가축이 모조리 희생제물로 살육된다면, 전리품이란 있을 수 없다. 이때 전쟁은 노략질로 부를 즉각 축적하는 원천이 되지 못하며, 전리품을 어떻게 나눌지에 대한 군인들 사이의 다툼의 원천도 되지 못한다. 왜냐하면, 전리품이 존재하지 않으며, 약탈이란 없기 때문이다.

거룩한 전쟁은 전술적 계획의 결과가 아니라 임시적이고 카리스마적인 사건일 따름이다. 이스라엘은 이웃 부족의 억압 아래에 있었다. 지도자는 왕조나 전문적 군사 계급에서 나오지 않았으며, 그의 부름에 대한 반응으로 이스라엘 남자들은 그들의 무기, 곧 그들이 사용했던 도구도끼, 괭이가 무엇이든 상관없이 무기를 들고 도착했다. 전문적인 군대나 군사 전략가도 없었다. 만일 이스라엘 군대가 승리했다면, 그것은 그들이 더 노련했거나 숫자가 많아서가 아니라 기적 때문이었다. "야훼가 대적을 그들의 손에 붙이셨다." 특히 여리고 주변 행진과 기드온의 전쟁처럼 비합리적이고, 비전문가적이며, 완전히 신성한 전투의 기적적 특징을 극화하는 특별한 상징적인 도구들이 취해졌다. 이스라엘이 다른 나라처럼 왕을 원하거나 상비군을 원할 때 **거룩한 전쟁은 종지부를 찍고 마는 것이다.**

거룩한 전쟁이라는 근원적 경험이 이스라엘 백성의 삶에서 의미하는 바는 이스라엘이라는 한 민족이 구차하게 살아가는 상황에서 그들의 생존은 그들의 왕되신 야훼의 돌보심에 달려 있다는 것이다. 그분이 그들에게 다른 왕을 갖지 말라고 말씀하셨다. 그들 자신이 준비한 제도나 왕조의 결속을 의지할 필요가 없었다. 야훼가 준비하신다.

거룩한 전쟁 이야기에 대한 영구적인 핵심 의미의 해석은 후기 예언자와 역대기 저자의 거룩한 전쟁 전승에 의해서도 지지받는다. 이러한 후기 해석가들은 그 전승으로부터 "이스라엘은 아말렉 족속을 진멸했기 때문에 우리도 하나님의 모든 대적을 진멸해야 한다"는 결론을 도출하지 않는다. 후기 예언자들의 요점은 오히려 "야훼는 과거에 늘 우리를 돌보셨다. 따라서 우리가 가까운 미래에 대한 그분의 공급하심을 믿지 못할 이유가 무엇이란 말인가?"라는 것이다. 후기 예언자적 선포의 영향력은 군사적 계급, 군사 장비, 이용 가능한 군사력에 근거한 정치적 계획에 반反하는 것이었다.

폰 라드에 의하면, 정당한 전쟁으로 내러티브를 다루는 분석 핵심의 요체는 여호수아서를 피상적으로 읽고 얻은 그림에 불과하며, 아주 제한된 기간 내에 팔레스타인 전역에 걸친 신속한 군사적 압승이라는 개념으로 잘못 귀결된 것이며, 그리하여 결과적으로 군사 작전은 침략적이며, 전략을 구체화한 것으로 이해하게 되었다.6) 중요한 역사적 복원에 의하면, 이스라엘은 점차 가나안 부족의 정착민 사이의 틈바구니에 침투해 들어간 다음에, 점차적으로 보다 정착되었고, 보다 덜 유랑하게 되었으며, 그들은 이전 거주민의 격렬한 반발로 위협을 받게 되었다.

현재의 여호수아서가 주는 이미지는 수세대 동안 이스라엘 한가운데서 존속되어 온 가나안 도시에 대한 보고와 모순되며, 블레셋, 가나안, 암몬 족속과 인접 국가의 똑같은 영토 안에서 거주했었다는 계속적인 보고들과 모순된다. 따라서 이스라엘의 팔레스타인 침투가 얼마간 공격적인 특성을 지닌다 할지라도, 실제적인 거룩한 전쟁의 군사 작전은 방어적인 성향이었던 것이다.7)

역사적 관점의 경우

이 관점으로부터 우리는 고대 히브리인들이 하나님께서 그들에게 싸우라는 말씀만을 염두에 두었다고 말하는 오만불손하면서도 독단적인 접근을 피할 수 있었을 뿐만 아니라, 의도적인 불순종에 대한 반응 때문에 주어졌다는 '허용'이란 개념도 피할 수 있다. 우리는 이와 같은 사건 속에서, 역사적으로 적합한 용어로 자기 백성에게 말씀하시는 만군의 참 야훼에게서 나오는 진짜 용어가 존재했다고 단언할 수 있다.

그분이 말씀하셨던 쟁점은 윤리적 일반화도, 그것의 타당성이 갖는 한계도 아니었다. 우리의 고민은 이러한 의문을 제기하는데서 출발한다. 이 경험이 말하는 바는 하나님의 백성이 생존을 위해서는 기적에 전적으로 의지해야 한다는 것이다. 이스라엘의 거룩한 전쟁은 자신의 정체성과 민족 공동체가 의지할 수 있는 대상은 오직 왕으로서의 야훼뿐이며, 그분은 이웃 국가처럼 지상의 왕을 갖는 것을 불필요하게 만드시는 분이시다.

고대 히브리인들로부터 후기 예언자를 거쳐 예수에 이르기까지 진정한 역사적 이동, 진정한 '진보'가 존재했다. 하지만, 이 진보의 초점은 윤리 조항의 변화가 아니라 오히려 백성됨의 본질을 점차 정확하게 규명하는 것이다. 이스라엘 백성과 이스라엘 국가의 동일시는 점진적으로 구약의 모든 사건과 예언에 의해 느슨해졌다. 그것은 긍정적으로는 모든 민족을 향한 야훼의 관심에 대한 비전이 점차 발전함으로써, 그리고 모든 민족이 율법을 배우려고 예루살렘에 올라오는 시대에 대한 약속으로 느슨해진 것이다. 부정적으로 지리적, 인종적 한 몸body으로서의 이스라엘은 야훼의 목적을 위해 더는 쓰임 받을 수 없게 되었다는 것과 신실한 남은 자 개념이 발전함에 따라 느슨해졌다. 이 두 가지 변화는 결국 살인 금지법의 적합성을 변화시키고 말았다. 모든 인간을 언약의 잠재적 참여자로 보고 나면, 국외자들은 인간 이하로 보거나 희생 제물로 취할 수 없다. 국가의 존립이 더는 야훼의 호의를 보증하는 것으로 보여지지 않게 되면, 거룩한 전쟁으로 국가를 구원하는 것은 이제는 기적을 기대하는 행위가 아니다. 거룩한 전쟁 개념의 적용을 해체하는 것은 새로운 윤리적 요구의 공표에 의해서가 아니라 이스라엘 하나님 통치 아래에 있는 공동체라는 인식의 재건에 의해 발생한다.

앞서 개괄한 다른 관점 중에서 아마도 더욱 유용한 개념은 교육상의 허용 개념일 것이다. 하지만, 그것은 여전히 "하나님이 진실로 얻고자 원하시는 것"에 대한 무시간적 이해를 전제하며, 이는 성서에 따른 신앙의 역사적 본질을 완전히 손상한다. 사건 자체를 하나님께서 이끄시는 과정이라기보다는 학습자의 수용성이란 관점에서 하나님의 목적의 역사에서 "시간의 충만"을 설정하는 것이 오히려 더 기만적으로 보인다. 교육상의 허용은 각 학생이 자신의 속도에 맞는 커리큘럼이라는 그림을 제공해 주며, 다음해 또 다른 학생은 또다시 학생이 이전에 얼마나 많이 학습했는지에 따라 다음의 학습을 준비케 하는 것(시스템을 달리 적용) 같은 커리큘럼에 따라서 학업을 한다. 반복되는 커리큘럼의 그림과 딱 들어맞지 않는 확고부동하고 명확한 구원사가 존재한다. 예수께서는 때가 차매, 바로 그때 오셨다. 이는 그분의 시간이 임하였기 때문이지, 유대인들이 그가 다음에 가르치는 것을 그들이 준비할 수 있는 강의계획서를 응시했기 때문이 아니다. 실로 역사에서 하나님이 하시는 진정한 일은 학습자의 능력에 따라 일정 비율로 결정되는 평범한 커리큘럼을 통한 발전으로 환원되지 않는다. 인간이 예수 시대보다 오늘날 더 "준비되어" 있다거나 "더 성숙하다"거나, 여호수아 시대보다 예수의 시대가 더 그렇다는 것은 그리 확실하지 않다.

따라서 살인을 허용하는 구약과 허용하지 않는 신약의 범주적 차이 때문에 당황해 하는 대신, 우리는 거룩한 전쟁 자체 안에 있는 새로운 것에서 시작하여 인간 예수에 대한 새로운 것으로 지속적으로 움직이는 일관된 노선을 따라 긍정적 움직임을 관찰할 수 있으며, 이미 첫 단계에서부터 자신의 존재를 위해 하나님을 의지하는 것은 새로운 것이다. 이미 초기 이스라엘의 최초의 법령이 동시대 다른 민족의 율법의 한 부분인 간접 보복을 금지한 것이나 이스라엘 법령에서 여성이나 노예에게 보다 큰 존엄성을 부여한 것이 새로운 것이다. 그리고 예언자적 노선 역시 똑같은 차원을 강조하고 있다. 비이스라엘 사람들을 한 부족으로 편입하고, 다른 나라를 포함하는 세계적 비전으로 확장한다. 왕권의 역사적 파괴와 영토 주권으로 백성됨을 정의하는 것에 대한 예언자의 비판을 통해 그 움직임은 수세기에 걸쳐 계속되었으며, 궁극적으로 침례세례 요한이 예수를 위해 문을 열기 시작했던 지점에서 정점을 이루었다.

"아브라함이 우리 조상이라 말하지 말라 내가 너희에게 이르노니 하나님이 능히 이 돌들로도 아브라함의 자손이 되게 하시리라." 아브라함의 자손이 된다는 것은 아브라함 신앙의 공유를 의미한다.[8] 따라서 기존의 윤리적-정치적 백성됨의 상대화는 양 방향으로 완성된다. 어떤 국가도 잠재적인 아브라함의 자손으로 존재하지 않는다. 왜냐하면, 자녀됨은 하나님께서 이방인에게 열어주실 수 있는 기적적인 선물이기 때문이다. 다른 한편 아브라함의 언약을 가진 민족으로서 다른 민족에 대항하여 스스로 방어할 수 있는 백성이란 존재하지 않는다. 왜냐하면, 그 단일체 안에 태어난 사람들은 그들의 불신앙으로 자신의 주장을 위험에 빠뜨릴 수 있고, 사실상 이미 그렇게 됐다. 따라서 자기 백성의 안전과 정체성을 위해 하나님을 의지하는 것이 거룩한 전쟁이라는 성례전의 근원적이고 구체적인 의미였으며, 이제는 근원적 성례전의 의미를 부여했던 자기 자신의 백성과 원수의 개념을 기꺼이 포기하려는 의지나 준비로 변화되어야 한다.

---

1) 이 입장은 Irvin Lehman, *God and War*, Herald Press, 1942에서 다른 학자 사이에서 견지된 주장이다.

2) 예수와 구약의 관계는 "산상수훈의 정치적 공리"(56쪽 이하) 에서 다루었다.

3) Guy Hershberer (*War, Peace, and Nonresistance*, Herald Press, 1953)는 살인에 관한 하나님의 뜻을 "교육적 적응"(pedagogical adaptation)에 토대하여 이해하고 있다. 이 책에서 그는 J. Irvin Lehman에 반대하고 있다.

4) 그것이 우리의 주제라면 이것은 히11:1-12:5까지의 전체 구절의 요지이다. "믿음은 바라는 것들의 실상이요 보이지 않는 것들의 증거니"(1절). 모든 불가능한 진술들을 맹목적으로 감수하라는 말인가? 나머지 본문이 제기한 예들은 11장의 의미가 그것보다 훨씬 더 정밀하다는 것을 분명히 보여준다. 믿음은 순종할 수 없을 때 순종하게 하여준다. 순종한다는 것은 하나님의 귀중한 목적이 위험에 빠지는 것처럼 보일 때 가능해진다. 본문에서 '믿음' 또는 '신실함' 은 곤란한 상황에서 순종이 적절하게 보이게 하는 태도이다.

5) Gerhard von Rad, *Der Heilige Krieg im Alten Israel*, Vandenhocck and Ruprecht, 1952. Millard C. Lind, "The Theology of Warfare in Ancient Israel," 미간행 박사논문, Western Theological Seminary, 1963. Millard C. Lind, "The Concept of Political Power in Ancient Israel" in *Annual of the Swedish Theological Institute* (Vol. VII), E. J. Brill, 1970, pp. 4-24. Millard C. Lind, "Paradigm of Holy War in the Old Testament," paper presented to the Chicago Society of Biblical Research on February 20, 1971.

6) Von Rad, op.cit., pp. 14ff.

7) 폰 라드(Von Rad)의 해석은 여호수아 내러티브에 대한 다소 자유로운 비판적 문제 제기와 재구성을 가정한다. 성서에 따른 설명의 역사적 정확성을 보다 신뢰하는 사람

들은 방어적 전쟁뿐만 아니라 공격적 전쟁을 야훼가 명령한 것으로 단언하지만, 그러한 신적 직접성은 현대 전쟁에 대한 모델이 아님을 인정해야 한다. 폰 라드는 한편으로는 가나안 족속은 여전히 그 땅에서 수 세대 이후에도 거주했음을 확인하는 여호수아와 사사기 본문을 가지고 있다. 따라서 만일 공격적 전략이 있었다면, 그것은 몇 시대나 장소에 한정된 것이지 전체 정복에 해당하는 것이 아니었다. 참조, *Politics of Jesus*(Eerdmans, 1972), 제4장, pp. 78쪽 이하.

8) 눅3:8, 요8:39이하, 갈3:7

2부, 에큐메니컬 관점

1. 교회가 교회 되게 하자

"교회가 교회 되게 하자"라는 표어가 최근에는 심각하게 과용되고 있지만, 이 표현은 본시 문법적으로 역설적이다. "본연의 당신이 되라"는 부름은 신약성서의 사고 유형에 충실한 것이다. 특히 사도 바울은 그리스도인이 된다는 것, 즉 "그리스도 안"에 있음이 의미하는 바를 단호하게 선포한 다음, 빈번하게 "진실하라"고 명령한다. "여러분은 그리스도와 함께 죽지 않았습니까?"라고 말한 바울은 "그러므로 땅에 속한 지체의 일들을 죽이십시오"골2:20, 3:5라고 호소한다. 그리스도인은 하나가 되었다고 선포한 후엡2, 3장 바울은 계속해서 이러한 부르심에 합당하게 행동하도록 호소한다.

한편으로 "본연의 당신이 되라"는 요구는 우리에게 비정상적이거나 불가능한 어떤 것이 되라는 의미가 아니다. 그 부르심은 그리스도인이—또는 교회가— 그리스도는 주님이시라고 고백한 대로 살아가라는 단순한 것이다.

그러나 동시에 이 명령은 부정적인 의미로는 "본연의 모습이 아니다"를 의미하기도 한다. 이 말은 교회가 충분히 진정한 교회됨의 의미를 제대로 구현해 내지 못했다는 뜻이다. 그렇지 않다면교회가 교회답다면—편집자주, 우리는 교회가 그리스도 안에서 마땅히 되고자 하는 실체가 되라고 주장할 필요가 없다. 교회는 본래의 그 교회가 되기보다 다른 것에 집중하고 있다. 이는 교회가 교회의 주된 대의명분에 집중하지 못한 채 엉뚱한 짓 하는 것을 멈추고 교회의 본질로 회복해야 한다는 말이다.

그렇다면, 교회란 무엇이며 어떤 존재가 되어야만 하는가? 혹자는 교회란 "하나의, 거룩하고, 보편적이며, 사도적"이라고 말한다. 다른 사람은 교회란 "성례전이 올바르게 시행되고 하나님의 말씀이 올바로 선포되는 곳"에서 찾을 수 있다고 말할지도 모른다. 또 다른 사람은 교회 구성원에게서 찾을 수 있는 윤리적 실천이나 경건의 정도에 따라 교회를 판단하려고 한다. 하지만 이 시대에는 교회의 본질을 회복한다는 말을 교회가 아닌 "세상"과의 관계를 보다 분명하게 이해함으로써 교회됨의 의미를 발견하려는 새롭고도 명쾌한 이해가 주목을 받고 있다. 현대 에큐메니컬 흐름에서 교회란 증언 공동체witnessing body, 섬김의 공동체 serving body이며 자발적이며 가시적인 교제 공동체[1]를 뜻한다. 이는 교회가 전반적으로 주변 사회와 전혀 다른 존재라는 말이다. 따라서 교회는 주변의 사회와 같지 않다는 것을 명시적으로 밝혀야 한다. 이 개념은 교회의 존재, 구조, 사회학이 다른 사회 구조와 전적으로 달라야 한다는 의미이다. 교회란 단순히 오랫동안 유럽에서 의미했던 것처럼, 시민 정부가 설교자를 강단에 파견했던 형태가 되어서는 안 된다. 미국에서처럼 등록 교인들이 아무리 많아도 계속해서 그들의 시간과 관심을 끌어내서 충성을 바치게끔 경쟁시키는 예배 클럽도 교회가 아니다.

사회학적 실재로서의 교회 의미를 재발견하도록 한 자극제 중 하나는 지난 세기에 있었던 활발한 국외 선교 운동이었다. 선교사들은 서구 사회 밖에서 복음을 전파할 때 중세 유럽에서 이해했던 것과는 달리 그리스도인이 된다는 것에 대한 또다른 이해가 필요했다. 그 당시 그리스도인이 된다는 것은 특별한 사람이 되는 것이 아니었기 때문이다. 다른 분야의 발전들도 교회의 의미를 재발견하는데 도움이 되었다. 최근 수십 년간 성서 연구에서 언약 백성으로서의 이스라엘의 독특성과 새로운 종류의 사회적 실재인 신약교회의 독특성에 대한 새로운 자각이 있었다. 에큐메니컬 운동으로 말미암아 그리스도인들은 전 세계에 흩어져 있는 교회에 충성을 다해야 하고, 그 교회들을 인간적 현실로 인식하기 시작했고, 단순히 지역이나 국가, 종교적 권위와 동일시하는 것은 충분하지 않다고 경고했다. 심지어 심리학과 사회학과 같은 '세속 학문'에서조차도 새로운 발전이 있었는데, 그들은 교회의 실체를 이전과는 다른 공동체로 보게 해 주었다.

모든 인간은 자신의 경험을 이해하는데 있어서 이분화하려는 경향을 보인다. 전통적으로 그리스도인들은 가시적 교회와 비가시적 교회, 영혼과 육체, 성직자와 평신도, 사랑과 정의를 구분해왔다. 이제 우리는 육체와 영혼, 가시적인 것과 비가시적인 것, 종교적 관습에 의해 규정된 범주평신도와 성직자나 추상적 개념사랑과 정의 사이를 구분하는 것보다는 오히려 예수 그리스도가 주님이라고 고백하는 사람과 고백하지 않는 사람을 구분하는 것이 보다 유익하며, 보다 성서적이라는 것을 알게 될 것이다. 교회와 세상의 구분은 선험적인 형이상학 개념에 근거하여 하나님께서 세상에 부여한 것도 아니며, 결단력이 부족한 그리스도인이나 바리새인과 같은 그리스도인들이 자신 주변에 건설한 것도 아니다. 모든 창조물은 믿거나 믿지 않을 자유가 있다.

최근 몇 세기 동안, 국가 교회 전통을 유산으로 물려받은 유럽의 교단들은 '교회'와 정부 사이의 상부상조하는 관계가 가져다주는 효과를 수정하거나 완화하기 위한 의미심장한 움직임을 여러 곳에서 보여주고 있다. 하지만, 제도적 관계뿐만 아니라 콘스탄틴 시대로부터 유래한 교회와 사회를 동일시하는 윤리적이고 심리학적 함의를 다루려면 사고의 범주를 변화시키고자 심사숙고해야 하는 훨씬 심오한 과제가 남아 있다.

교회를 이루는 것이 무엇인지를 알기 위한 오래된 척도를 교회의 '표지'notae라고 부르곤 했다. 사람들은 (교회의 표지를) 눈으로 보고 측정할 수 있는 교회의 예전liturgy이나 사역의 운영 방법만을 지칭했다. 그것들은 신학적 긍정, 성직자의 자격과 성례전의 의미와 관련이 있다. 하지만, 오늘날에는 교회됨의 진정한 시금석은 모임이나 행정 구조에서가 아니라 교회와 세계와의 관계라는 점에서 판단해야 한다는 인식이 늘어나고 있다. 비세르 트 호프트Visser' t Hooft 박사가 지적했듯이2), 선교에서 교회의 세 가지 표지는 모두 교회로서의 독특한 속성과 관련되는데, 교회와 전체 사회를 동일시하는 것이 아니라 오히려 사회와 교회를 구분함으로써 세가지 표지를 정의할 수 있다. 오늘날 의미있는 증언이나 사역의 전제는 구별됨, 즉 "강을 건넜다"는 것이며, 그 외에는 다른 대안이 없다. 하여, 선교란 교회의 구별됨, 교회의 소명에 대한 증언이지 교회의 자기 확신에 대한 증언이 아니다.

그리스도가 세상의 빛이심을 고백하는 것은 다른 위장된 "빛들"을 향한 비판적 태도를 내포하는 것이다. 예수 그리스도가 주님이심을 고백하는 것은 지배받는 것을 당연시하는 충성심으로부터 우리를 비교적 자유롭게 한다.3) 마찬가지로 교회의 본질에 관하여는 교회와 사회를 같은 것으로 보는, 즉 중세의 교회-국가 간의 밀월이 (교회의) 표지이자 안전장치라는 주장은 잘못이라고 응당 말해야 한다. 이는 서양 역사에서 그래 왔던 것처럼 그리스도인들이 빠지기 쉬운 것이다. 이러한 현상은 궁극적으로 종교가 국가 이기주의를 승인해 주었기 때문에 나타나며, 교회가 그러한 권한을 소유할 때 기성 사회가 어느 정도 '기독교화' 하거나

'신성' 해질 수 있다는 편견 때문에 나타난다.

우리는 특히 성공회 전통으로부터 성육신 개념에 대한 일반적인 지식 권력을 배워왔다. 가장 인상적인 관점은 모든 사람의 관심사들은 육신을 입으시고 우리를 찾아 오신 하나님에 의해 재가되고, 거룩해졌다는 것이었다. 정원 가꾸기, 날씨, 우리의 직장과 가족, 우리 사회의 전체 조직 - 경제와 전쟁 등 -은 하나님의 임재의 빛 가운데서 정화되었다. 이제 모든 인류는 선하고 건전하고 거룩하게 보인다. 이것이 비성공회 교도에게는 심오한 진리를 거짓된 불완전한 방식으로 말하는 것처럼 보일 수 있다. 하나님께서 우리 가운데 오셨을 때 그는 "일반적인 건강한 인간 사회"의 모든 것을 승인하거나 재가한 것은 아니었다. 하나님은 모든 인간 활동, 아주 잘 계획된 인간의 모든 활동을 은혜의 수단으로 만든 것이 아니었다. 하나님께서 우리 가운데 오셨을 때 인간 사회의 일부 충성심과 관습을 거절하셨다. 하나님께서 우리 가운데 오셨을 때, 그분은 이주민 가정에서 태어나셨지 궁전에서 태어나신 것이 아니었다. 믿음의 조상 아브라함은 갈대아라는 위대한 문명을 버리고 유목민이 되었으며, 이스라엘은 이집트로부터 탈출했다.

인간 경험에서 참된 복종은 신앙의 본보기라 할 수 있다. 이것을 성육신이라 부른다. 하지만, 그것은 동시에 인간 문명의 연속성과의 단절이며 지역 인간 사회에 대한 충성과의 단절이요, 이것을 하나님의 선택 혹은 출애굽이라고 부른다. 성육신에 대하여 말할 때, 하나님께서 우리 사회와 직업을 있는 그대로 거룩하게 하셨다고 말해서는 안 된다. 오히려 인간의 현실 속으로 들어오신 하나님께서 우리가 해야 할 일과 버려야 할 일을 말씀하신다. 모든 생이 축복받은 것은 아니다. 인간의 모든 노력이 하나님의 내주하심의 불꽃에 의해 스며들어 있는 것도 아니다. 아직은 그리스도의 왕국으로 완성되지 않은 이 세계 속에서 성육신의 모본을 통해 인간의 복종의 실체를 규명할 수 있게 되었다. 하지만, 참으로 인간적인 복종은 우리 주변 세계의 복종과는 전혀 다른 것이다. 하나님이 보여주신 성육신 본보기는 아브라함이 보인 본보기이요, 콘스탄틴이 보인 본보기가 아니다.

캐리커처 묘사방식으로 설명해 보자. 과거의 교회를 가장 적절하게 대표하는 것이 사제chaplain, 기관에서 사역하는 목사들, 즉 사목, 군목, 원목 등을 통칭-편집자주이다. 산업, 대학, 군대, 봉건 시대 왕자의 궁정으로부터 이 용어가 유래하였는데, 사제는 현존하는 권력 구조를 축복하도록 부름받았다. 그는 권력 당국으로부터 이 직위를 부여받았다. 권력 당국에 의해 후원을 받기에 그곳에서 행하는 모든 것에 신적인 재가를 부여했다. 그가 갖는 사회적 지위는 궁극적으로는 자유를 포기하고 자신이 섬기는 단체의 이기적 목적을 촉구하고, 적시에 그를 위해 기도하는 것으로 한정된다. 따라서 그가 자신의 단체를 비판한다는 것은 다름 아닌 그 단체를 위해 섬기는 자신을 비난하는 것이다. 또한, 종교란 이름으로 공동체가 실행하고 있는 것을 제의적으로 그리고 윤리적으로 지지하는 것은 그 자체로 그 공동체를 정당화해주는 가장 강력한 주장이 되는 셈이다.

사회에서 '사제'의 자세는 둘 중 한가지 방식으로 역할을 감당하게 된다. 만일 설교자가 강력한 사람이고 그가 섬기는 '왕'이나 장군이 선의善意의 인간이라면, 자신과 후견인의 지위에서 나오는 권력을 사용하여 종교에 의해 규정된 윤리관을 모든 사회에 부여하도록 노력할 것이다. 그 사제는 왕의 귀 역할을 하게 되며 사람들에게 왕의 신념에 일치한 삶을 살도록 강요하기 위해 권력을 사용할 것이다. 이것은 '청교도적'인 삶의 전형이며, 우리 모두는 그것이 한 공동체의 정신에 맞아야 한다는 생각을 가지고 있다. 그 규칙을 준수하는 자들은 자신들이 그렇게 할 수 있기 때문에 자부심을 느끼기 마련이다. 그것들을 준수하기를 원치 않거나 규정된 방법 때문에 지킬 수 없는 자들은 압박을 받거나 일탈한다. 더욱이 모든 사람이 강제적으로 규칙 대부분을 준수해야만 하기 때문에, 그런 규칙들은 실행되어야 한다고 말한다. 당신은 일부다처제를 금지할 수 있다. 하지만, 불순한 생각들까지 막을 수는 없다. 따라서 청교도주의란 외적으로 처벌 가능하거나 막을 수 있는 조야하고 노골적인 죄에 대해서만 집중적으로 공격할 수 있을 따름이다.

청교도가 되길 원치 않는 사제와 자신의 지위와 권력을 이용해 사회를 변화시키려는 노력을 포기하는 사제가 취할 수 있는 대안은 성례전을 통해 사회에 대한 하나님의 축복을 빌어주고, 그 사회(혹은 사회 속에서의 왕좌)가 침몰하지 않는 데 필요한 수단은 어떤 것이라도 재가해 주면 그만이다. 따라서 그가 설교하는 도덕적 기준은 모든 사람이 지킬 수 있는 수준에서 머물러야 한다. 그의 설교의 지표가 되어야 할 하나님의 목적은 곧 고용주의 이익, 능력, 필요와 일치해야 하는 것으로 이해한다. 그는 자신이 속한 사회의 번영과 정부를 유지하는 데 필요한 무슨 일이라도 행하는 것이 적절하고도 합법적이라고 말한다. 이것은 이전 시대에는 '왕의 신성한 권리' 또는 '정당한 전쟁'이라는 명목 하에 받아들여졌다. 오늘날에는 '책임'이라고 말한다.

우리가 물려받은 유산인 윤리에 관한 대부분의 논쟁은 청교도와 사제들 간에 이루어진 것들이다. 이 논쟁은 모든 사람에게 강요해야 하는 객관적 절대적 기준이 있다고 말하는 사람과, 만일 우리가 당위적인 것을 해야만 한다면, 그것은 윤리적으로 옳은 일이라고 말하는 사람들 사이에서 오가는 논쟁이다. 끊임없이 새로운 용어로 갱신됐지만, 이러한 논쟁은 소득이 그다지 없다. 왜냐하면, 기독교적인 해결책은 논리적으로 배제해야 한다는 식으로 논점을 규정하기 때문이다. 청교도와 사제의 입장은 모든 인간 조건에 들어맞는 접근 가능한 인간 행동을 찾는 것이다. 생존과 효율이라는 이름으로 댓가를 '치러'야 한다. 윤리학이란 '(실천)가능' 해야 하며, (유능한 청교도 혹은 필요한 일을 실천하는 사제로서) 자신이 한 일을 마친 후에는 자신이 한 일 때문에 의로운 사람이라고 자처할 수 있어야 한다.

하지만, 기독교 윤리는 성령의 기적이 아니면 할 수 없는 불가능한 행동을 요구한다. 우리가 펼치고자 하는 윤리적 조항들이 실천 가능한 범주를 벗어나면 안된다는 식으로 문제를 설정한다면, 카드패는 기독교적 해답에 불리하게 뒤섞이게 될 것이다. 청교도와 사제 간의 논쟁은 형식에 관한 것이지 본질은 아니므로 더더욱 무익할 따름이다. 윤리적 기준이 절대적인지를 논하지만, 어떤 구체적인 기준이 적용되어야 하는지를 실분하지는 않는다. 어떻게 하면 정치적으로 적절한가에 대한 전체 논증은 책 전반에 걸쳐 장황하게 다룰 수 있다. 신약성서 이야기의 핵심 사상이면서도 증명 가능한 가치를 구체적으로 진술하지 않고서도 말이다.

청교도와 사제 간의 해결 불가능한 논쟁이 국교회 사제가 갖는 지위의 당연한 귀결이라면, 이 문제는 새로운 형식의 용어 정의 혹은 다른 성경 구절 인용으로도 해결될 수 없다. 세상에서 언행일치의 교회를 회복해야 한다는 사회학적 요구에 맞추어 해결책을 제시해야 한다. 황실 설교자는 사회 전체를 위한 기독교적 윤리를 처방해 줄 때, 최고위직의 전략적 중요성을 고려함으로 강단에서 살아남게 해 주고 자신을 '보다 유능한 사람으로' 이나 '보다 적응 잘하는 사람' 으로 만들려고 새로운 교리를 찾아 설교하는 것을 그만 두어야 한다.

콘스탄틴의 대안은 믿음의 조상 아브라함이다. 아브라함의 자세는 어떠했는가? 혹은 모세의 자세는 어떠했는가? 그들은 소수minority만이 귀를 기울였던 예언자의 자세를 취했다. 교회가 소수라는 인식은 전략적인 것이 아니라 신학적 전망이다. 이것은 우리의 순종의 토대인 신앙을 세상에 강요할 수 없다는 사실을 분명하게 받아들이는 것을 의미한다. 따라서 세상으로부터 우리 신앙의 열매인 도덕적 실천을 기대해서도 안 된다. **그러므로** 우리는 모든 사람에게 요구할 수 있을지의 여부로 복종의 전망을 가늠해 볼 수 없는 노릇이다.

바야흐로 세속주의 시대에 세상을 억지로 기독교화 할 수 없다는 것은 삼척동자도 알고 있다. 그렇다면, 그 사실을 마지못해 인정하고 있는가, 아니면 그 사실에 기뻐하고 있는가? 우리는 기분이 언짢기는 하지만 세상을 통제하고 기독교화하려는 비전을 포기했다. 1500년 간의 노력 이후에 이러한 비전은 산산이 조각났기 때문이다. 대신에 우리가 위로부터 아래로의, 정부의 비호와 특혜, 사회가 광범위하게 수용하게 하는 방식으로 세상을 기독교화하려는 작업을 원하지 말아야 한다는 사실을 통렬하게 인식해야 하지 않을까? 이제 교회는 연약해졌으며, 약해지라는 교회의 요청에 기쁨으로 인식해야 하지 않을까? 역사를 지배할 수 있다는 생각으로 통제력을 거머쥐려는 모든 시도를 당연히, 그리고 아무런 거리낌 없이 포기해야 하지 않을까? 소수 신분을 수용하는 것의 논리적 함의 중 하나는 세계를 이끌어가는 사람들의 필요에 윤리적, 심리학적으로 우리의 도덕적 기준을 맞추려고 처신하지 않아도 된다는 것이다. 기독교 평화주의자들의 첫 번째 평화 증언에 대한 가장 흔한 반응은 "모든 사람이 이런 일을 한다면 도대체 어떻게 될까?"이다. 우리는 크리스텐둠의 자녀이기 때문에 이 질문에 대답해야 한다고 생각한다. 그러나 논리적으로 우리는 그럴 필요도 없고 그럴 수도 없다. 왜냐하면, 모든 사람이 그렇게 생각하지 않을 것이기 때문이다.

다음과 같이 말함으로써 이런 논리의 고전적인 진술을 제시한 사람이 바로 임마누엘 칸트였다. "모든 사람에게 적용할 수 있는 기준만을 나 자신이 적용할 권리를 가지고 있다." 이 원리가 가설로 진술되는 한 그것은 여전히 유효할 수 있다. 하지만, 기독교 신앙은 회개와 용서에 근거할 때만 가능한 것이며, 용서를 경험하고 윤리적인 상담이 일어나는 원천으로서 인간 공동체의 회복이 이루어질 때에 가능하다. 기독교 신앙은 하나님의 의미를 그리스도라는 인격과 일치시키는 신앙으로부터 성장하기 때문이다. 이제 우리가 의미하는 바를 칸트식으로 말한다면 다음의 진술이 이해가 된다. "모든 사람을 위한 급진적 제자도를 희망한다면, 나 자신에게 급진적 제자도를 요구할 수 있다." 하지만 일반적으로 이 질문은 오히려 다음을 의미한다. "대다수 남자가 여전히 그리스도의 제자가 아닌 상황에서 모든 사람이 양심적 병역거부자라면 어떤 일이 일어날까?" 그런 일은 발생하지 않을 것이기 때문에 "두려워" 할 이유가 전혀 없다. 그런 계산법이 우리가 결정을 내리는데 기초가 될 것으로 생각하는 것은 가장 비현실적이다. 대부분의 세계가 우리의 신앙을 공유하지 않기 때문에 이런 식으로 흘러가지 않을 것이란 가정하에 결정해야 한다. 그 후에야 기독교적 윤리 사고는 현실적이 될 것이다.

대다수 사람은 신앙이 없으며, 우리에게 윤리적 지표가 되어 달라고 요구하지도 않는다. 그럼에도, 이 일은 계속해서 우리 시대의 규범이라는 사실 때문에 평화를 만들어 나가야 한다. '바람직성desirability, 사회적으로 바람직하다고 생각되기 때문에 각 개인에게 권장되는 생각이나 행동—편집자주이나 궁극성finality이라는 의미로 '규범'을 말하는 것이 아니다. 역사의 흐름이 계속해서 우리가 제시하는 것과는 다른 과정을 밟을 때도 놀라지 말아야 한다는 의미이다.

바로 여기에 기독교 평화주의 진영 내에서 일어나는 주요 논쟁 중 하나가 자리하고 있다. 우리는 시민평등권(혹은 공민권)이 전문적인 핵심 기독교 평화주의자들을 넘어서서 보다 큰 집단의 사람에게로 이동할 때 무슨 일이 발생하는지에 그에 대한 해석을 읽어보았다. 거의 무의식적으로 그러나 거의 불가피하게 "이 운동"은 수백만 명의 흑인들에게 그 누구도 성공할 수 없는 새로운 질서를 보장하는 것처럼 보였다. 그 후 비폭력이 과연 약속한 바를 이루어낼 수 있을지, 약속한 그것이 과거에 단 한 번도 만들어내지 못했던 사회 문제에 대한 해결책이 될 수 있을지와 같은 통렬한 질문으로 변화하였다. 만일 비폭력이 "성공"할 수 없다면, 과연 폭력은 정당화될 수 있는가?

신약의 윤리 사상은 다음과 같은 사실을 직면하면서 출발한다. 즉 우리는 그리스도인들의 말에 귀를 기울이지 않는 시대, 그들 중 일부는 아무 말도 들으려 하지 않는 시대에 살고 있다. 이런 소수자의 자세를 인식한다고 해서 그것이 사회적 냉소주의나 사회적 퇴거social withdrawal, 타인과 상호 작용을 회피하고, 사회적으로 고립되며, 타인과의 사회성 기술이 결핍된 상태-편집자주를 요청하는 것이 아니라, 심원한 지식적 재정립을 요청하는 것이다. 과거에 그래 왔던 것처럼 많은 사람이 일요일 아침이 되면 나타날 것이라는 단순히 통계적 인식 차원을 넘어서서, 교회에 출석하고 있는 많은 사람들이 예수 그리스도가 주님이라는 분명한 확신에 자신의 삶을 설정하지 않고 있음을 인식하는 쪽으로 방향 재설정이 이루어져야 한다. 계속해서 사람들에게 조금 더 나은 삶을 살아가는 방법에 대해서 실제적인 상담만을 제시해 주는 것은 그들이나 이 세상에 궁극적인 선이 될 수 없다.

「기독교 교회와 국가의 에토스」5)에서 스마일리James Smiley 교수는 미국이 자국민을 위한 대체교회가 되었다는 사실을 당혹스러울 정도로 자세히 다루고 있다. 인류가 역사 속에서 구원을 기대한다는 것은 교회가 아니라 국가로부터 온 것이다. 서로 도덕적 특성을 조사하고 공동체에 누가 있는지 없는지를 결정하는 데 있어서 사람들은 교회가 아니라 연방 조사국FBI에 신뢰를 보낸다. 만일 우리의 희망이 미국에 속한 종교의 희망이라고 말한다면, 교회가 "하나님이 미국을 축복하신다"라는 말만 함으로써 우리가 속한 문명의 도덕적 확신을 강화하는 것은 당연한 일이다. 마찬가지로 만일 우리의 희망이 마르크스주의적 희망이라면 우리는 역사의 의미가 성취되는 것은 우리 정당이 사회의 통치권을 양도받음으로써 역사의 의미가 성취된다고 믿을 것이다. 세상에 대해 우리가 품는 희망은 결국 세상을 통치하고, 그 정당이 이러한 목적을 성취하는 데 필요한 모든 종류의 타협, 양보, 전략적 협상을 이루어 낼 것이다.

기독교 공동체는 사회가 바라는 유일한 공동체로서, 그리스도가 주님이시기 때문에(그 분이 세상을 통치하실 것이기에) 우리는 세상을 지배하지 않아도 된다.6) 그런 다음 그러한 희망은 사회 윤리의 실체로 이어진다. 이것은 십자가로부터 주님의 통치가 시작되었으며, "죽임 당하신 어린 양은 권세를 받기에 합당"하기 때문에 우리의 신실함과 인류 역사에서의 하나님의 승리는 직접적인 인과관계가 없음을 긍정하는 것이다. 그렇다고 예수의 승리에 대한 우리의 신실함의 연관성을 경시하는 것도 아니다. 만일 우리가 그렇게 행동한다면, 그래서 사회의 메커니즘에 이러저러한 효과를 일으킬 것이고, 그 결과 이런 바람직한 발전을 이루게 되든지 아니면 특정한 악을 받아들이게 될 것인지를 말하려는 것이 아니다. 우리의 복종과 하나님의 성취 사이에는 기계적으로 형상화된 관계란 존재하지 않는다.7) 우리의 희망은 그리스도 안에 있으며, 그렇기 때문에 세상에 예언자적 독창성을 나타내야 한다. 그렇다고 이것이 사람들을 제대로 몰아붙이기 위해 교회는 그 누구보다도 더 신성한 목적을 가지고 있다고 말하려는 것도 아니다. 오히려 교회는 무가치한 방식으로 사람들을 몰아붙이는 것을 막아야 할 (신적인) 목적을 가지고 있다. "교회의 타자성"은 우리 시대의 그리스도인들이 여러 가지 경로를 통해 발견한 것으로, 교회가 종되신 주님께 충성하고 있는지의 여부를 투명하게 비추는 시금석이다.

비록 교회는 오로지 독일만을 위한 교회로 생각하도록 신학 교육을 받았을지라도, 소규모의 그리스도인들은 아돌프 히틀러 치하에서 그러한 사실을 발견했다. 세계의 크리스텐둠은 다음과 같은 인식에 직면해 있다. 인도, 인도네시아, 중국과 일본의 그리스도인들이 그들이 속한 사회에 기여할 수 없음을 알고 있다. 왜냐하면 자신의 생존이나 윤리적 특성은 그리스도인들이 얼마나 효율적으로 사회 구조를 굴복시키거나 축복할 수 있을지에 직접적으로 달려 있다고 가정하고 있기 때문이다. 이는 건물이나 교구가 아닌 교회의 정신의 "해체"disestablishment이며, 우리가 시민의 권리나 시민의 결혼, 자율이나 전쟁에 대해 말하든, 그것만이 새로워 질 수 있는 유일한 소망이다.

우리는 "본연의 당신이 되라"는 명령이 지니는 역설적 표현에 주목함으로써 이 글을 시작했다. 콘스탄틴 이래로 교회는 "바로 그 교회"가 되기보다 "다른 무언가"가 되려고 노력해 왔고, 새로운 종류의 인간관계를 시작하는 대신에 "다른 무언가"가 현 사회의 정신이 되어 왔다. 교회는 만민의 도덕성에 대한 종교적 원천을 제공할 필요가 있다고 생각했다. 이를 위해 교회가 찾은 기준은 전쟁과 폭력을 정당화하는 것이었고, 그러한 기준을 충족시키는 데 있어서 전반적인 조정이 불가피했다. 그리스도인들이 사회 경영에 대한 책임을 감당하지 않는다면 누구도 그 일을 감당할 수 없으며 세계는 와해하고 말 것이라고 가정한다.

지금 우리는 소위 탈 기독교 시대를 살아가고 있다. 그리스도인들과 교회는 세상을 전적으로 책임질 처지가 아니라는 사실을 깨닫고 있다. 교회와 그리스도인들은 사회 곳곳에서 더는 다수majority의 처지가 아니다. 그리스도인들은 해야 할 모든 것을 할 수도 없고, 그렇게 해서도 안된다. 사회의 생존은 그리스도인들의 통제에 달린 것이 아니며, 필요한 직무를 완수하기 위해서는 어떤 형태의 타협이라도 동원하려는 그리스도인들의 의지에 정부의 효율성이 달려있는 것도 아니다. 그리스도인들에게 주어진 가장 구체적이면서도 가장 우선적인 사명은 자신들이 무엇을 해야 할지, 다른 사람에게 무엇을 맡길 것인지를 판단하는 것이다.

믿을 만한 기독교 세계를 만들어 내려던 콘스탄틴적 비전이 실패한 원인은 급진주의자들이 비판해서도, 분파주의자들이 훼손했기 때문도 아님을 기억하라. 콘스탄틴과 교회 지도자들은 결국 통제권을 가지고 있었다. 그것이 그들의 윤리적 접근의 핵심이었다. 교회와 정치 구조를 동일시하려던 전략이 효력이 있었다면, 모든 유아에게 세례를 베풀고, 정치인들을 권고함으로써 사회 전반을 구원하려고 헌신하는 것은 그럴 듯한 비전이며, 효과가 있다면 한번 시도해 봄직도 하다. 콘스탄틴 시대의 종말은 분파주의자들이 그런 시도에 반대의 목소리를 냈기 때문이 아니라 자기주장 안에 존재하던 모순 때문이었다. 그런 접근이 여러 차례 있었고 때로는 효과도 있었지만, 결국 자신을 파멸로 몰아 넣고 말았

다.8)

사회에서 교회의 보호자 기능이 더는 효력이 없으며, 필요치도 않다는 사실을 인식했다고 해서 그 자체가 평화주의 논쟁의 원인이 될 수 없다. 물론 그 이유가 근본적으로 평화주의를 거부하기에 이르렀지만 말이다. 콘스탄틴 이전의 교회는 우상숭배와 군사주의를 똑같은 것으로 본 유일한 교회였다. 그들은 시종일관 소수 교회로 남아있었으며 우상숭배와 군사주의를 거부해 왔다. 4세기에 접어 들면서 변화가 생겼는데, 그것은 새로운 윤리적 통찰력이 아니라 가이사Caesar 현상, 즉 문화 현상이 곧 기독교적이란 주장이었다. 크리스텐둠이 붕괴하면서 그리스도인들은 또다시 자발적 소수자의 자리에 처하게 되었다. 교회의 사명을 이해하려면 콘스탄틴 이전의 교회가 했던 증언, 즉 신약시대로부터 터툴리안 이후 시대까지 평화주의가 대세였다는 사실을 인정해야 한다. 소수자 입장에서 생각해야 하는 시기에, 사회 구원은 감히 상상도 못할 요청이었음이 분명했다. 로마 정부의 우상 숭배적 성격에 대한 그리스도인들의 혐오감과 예수의 비저항 윤리가 결합하여 초기 기독교 평화주의를 지지하였다는 것은 의심의 여지가 없다.

3~5세기 사이에 변한 것은 예수의 가르침이 아니라 교회가 소수자 신분을 망각하고 "기득권" 태도로 탈바꿈한 것이었다. 이 현상이 교회의 교회됨을 중단하게 하였다면, 기독교의 기득권 와해는 교회의 본질 회복을 보장하지는 않을지라도, 최소한 (본질) 회복으로 향하는 문을 열어 놓게 되었다. 기득권 신분이 교회가 걸어야 할 평화주의의 길을 포기하게 했다면, 콘스탄틴 시대의 쇠퇴는 그런 의제로 향하는 문을 열어놓은 것이다. 그런 기득권 신분으로의 변화라는 새로운 현상이 로마 제국의 윤리를 교회 안으로 들여왔다면, 기독교의 쇠퇴는 기독교 사상에 있어

서 윤리에 대해 의문을 품도록 다시금 문을 열어 놓게 되었다.

심리적으로 교회의 해체와 그것이 함의하고 있는 윤리학적 의미에 대해 많은 이목이 쏠려 왔다. 왜냐하면, 서구 크리스텐둠은 과거중세에는 가장 신실치 못했지만, 오늘날에는 교회의 흔들리는 터전에 대해 동의함으로써 명예를 회복할 입장에 서 있다. 하지만, 교회의 본질을 회복하려면 우리 시대에도 여전히 갱신해야 하며, 또한 전쟁 폐지와 관련된 교회의 영역이 존재한다.

현대 선교 운동이 맺은 한 가지 결실이 있다면, 그것은 기독교 유럽으로의 '귀환'을 꿈꾸는 사람에게 세상의 대부분은 전혀 기독교적이지 않다는 사실을 상기시키는 것이었다. 마찬가지로 이 선교 운동은 세계가 하나임을 극적으로 보여주는 것이었기에 중요한 일이었다. 선교 운동은 오늘날 우리에게 세계를 하나의 문화적 가족으로 보게 하였던 동시대의 상업적, 정치적 제국주의와 별반 다르지 않다. **기독교의 일치는 진정한 국제주의이다.**[9] 왜냐하면, 기독교의 일치는 아직 성취되지 못한 정치적 주권의 재구성이 아니라 이미 성취된 비전과 공동체의 변혁에 토대를 둔 인류의 통일을 상정하고 선포하기 때문이다. 인류가 하나라는 사실은 경험적으로 증명될 수 없고, 정치공학에 의해서도 이루어질 수 없다. 인류가 하나라는 사실은 가장 먼저 신학적으로 선포되어야 한다. 그런 후에 그것을 반영할 필요가 있는 공학과 구조를 상상할 수 있을 것이다. 또한, 종으로서의 교회가 회복되어야만 기독교 국제주의는 **진정한 일치**라고 말할 수 있을 것이다. '에큐메니컬'이란 단어의 본래 의미는 지리적 일치와 관련이 있었다. 최근 수십 년간 신앙 혹은 직제, 교리나 성례전 혹은 교회의 구조에 근거하여 교회 간의 분열에 관한 부차적 의미가 더 두드러지게 나타났다. 후자의 분열이 나름 의미가 있다고는 하지만,

그것은 여전히 그리스도인들이 서로를 죽이도록 만들었던 민족 노선에 의한 분열이다. 루터교 국가가 루터교 국가를, 가톨릭 국가가 가톨릭 국가를 학살했다. 거대한 조직이 교회의 구조와 신조의 재통합을 추구할 때 이루 말할 수 없는 왜곡된 비전이 등장한다. 특별히 서구 국가들 내에 그러한 형태가 급격히 증가하고 있으며, 이는 국경, 더욱 중요하게는 전쟁 시에 국경을 뛰어넘는 교회 구조의 가시적 일치를 발전시키려는 노력을 거의 기울이지 않고 있다.

---

1) W. A. Visser't Hooft, *The Pressure of Our Common Calling*, Doubleday, 1959.

2) 위 주1을 참조하라.

3) 아래의 "다른 빛들"에 대한 토론을 보라, 152쪽 이하.

4) 예수의 생애에 대한 의미와 표준은(모든 인간 생애가 아니라) 나의 책 『예수의 정치학』의 주제이다.

5) *Biblical Realism Challenges the Nation*, Paul Peachey ed., Fellowhship Publications, 1963, 33쪽 이하를 보라. 또한 이것은 1963년, 교회 평화 선교(Church Peace Mission)에 의해 소책자로 출판되거나, *Theology Today*, 1963년 10월호, 313쪽 이하에서 실렸다.

6) 위의 책 "If Christ is Truly Lord," 52쪽을 보라.

7) 윤리학의 효율성에 대한 기계적 모델에 대한 대안으로는 아래 책 154쪽 이하에서 다루어졌다.

8) J.H. Yoder, "The Otherness of the Church," *The Drew Gateway*, 1960년 봄호, Vol. XXX, No. 3와 *Mennonite Quarterly Review*, 1961년 10월호..

9) [편집자주] 국제주의란 근대 국제 사회에서 개별 국가의 이해를 초월하여 모든 민족·국가간의 협조·연대를 통일하여 지향하는 사상이나 운동으로, 국가·민족을 전제로 하여 국제적 통일을 지향한다는 점에서 로마 교황의 교권으로 뒷받침된 중세 유럽의 보편주의나 각 개인을 다누이로 하여 세계질서를 구상하는 세계주의와는 구별된다.

2. 그리스도, 세상의 빛

"그리스도, 세상의 빛"은 1961년도 뉴델리New Delhi에서 개최된 세계 교회 협의회 제3차 총회의 주제였다. 그 정확한 의미가 매우 옹골진 무게감으로 다가온다.

이번 총회는 일찍이 '기독교적' 세계이었던 서구 사회 바깥에서 개최된 최초의 총회였다. 한 국가 안에서 수많은 신앙인이 만나 서로 다른 다양한 방식으로 자신들을 조명해 보았다. '빛'이란 이미지는 어떠한 문화에서도 이해 가능한 것이다('대제사장'이나 '하나님의 아들'과 같은 문구가 쉽게 이해되지 않는 반면에 말이다). 그 때문에 뉴델리에서 제시된 선교적 증언의 특징은 그저 우연하게 얻은 슬로건이나 '주제'가 아니었다. 그러한 장소에서 그와 같은 구절을 선택한 것은 일종의 고백이자 선언적 행위였다.

예수 그리스도라는 문구에 집중하는 것은 교회 협의회 역사에서 오랫동안 특별히 강조해 오던 부분이다. 협의회에서 "회원권의 기초"에 대해 설명할 때는 성서나 삼위일체 혹은 고대 교리를 명시적으로 언급하지 않고, 예수 그리스도에 대한 고백을 핵심으로 삼았다. 세계 교회 협의회 형성 과정에서 임시 사무총장이었던 비세르 호프트 박사Willem A. Visser' t Hooft는 유럽에서의 전쟁 기간에 신학적 발전의 특징이 무엇인지 설명해 달라는 초대를 받고, "그리스도의 왕되심"The Kingship of Christ, 1)

에 대한 일련의 강의로 답하였다. 서로를 알아 가는 데 긴 시간을 보내고 나서 1952년 룬트Lund에서 "신앙과 직제"Faith and Order에 관한 컨퍼런스에서는 틀에 박힌 전통적인 입장들 사이에서 협상을 추구하는 대신에 교회의 고백이나 교회 헌법의 영역에 있어서 그리스도로 새롭게 시작하려고 노력하였다.2)

그리스도는 공통된 신앙고백이라는 보다 장래가 유망한 토대로서 전통적인 신조들을 비교하는 것보다 중요하며, 선교를 위해서는 각기 다양한 문화에 속한 사람에게 예수의 공생애 사역을 설명해 줌으로써 서로 소통의 기회를 마련할 수 있는 중요한 인물이다. 이 외에도 그리스도에 대한 강조는 진리에 대한 특별한 고백이며, 기독교 공동체 안에서의 신실함(그리고 신실치 못함)을 평가하는 기준을 보여준다.

그리스도라는 단어를 강조하면 무엇보다도 세상에서 "기독교적"인 역할의 판단 기준을 알게 된다. 이러한 발전은 그리스도의 진리 주장에 집중함으로써 모든 신학적 분과를 갱신하였던 칼 바르트의 영향에 근거한다. 여기에는 또한 방금 언급했던 책의 주제인, 신학적으로 히틀러에 대한 유럽 교회의 영적 저항이 뿌리를 두고 있다.

예수 그리스도의 왕되심에 대한 증언을 재발견한 비세르 호프트 박사의 이야기는 크리스텐둠 안에서 울려 퍼지는 진리 주장이다. 그것은 히틀러 정부의 구상에 저항했던 고백교회의 핵심을 차지했다. 이 저항은 미미하지만, 실질적이었는데, 틀에 박힌 교리적 진술이나 진화하는 교회 구조에 대항하여 그 위에 예수의 권위가 있다는 고백이다.3) 독일에서 기독교인들에 대한 위협은 "독일적 기독교인"이라는 순응주의자 운동이었다. 그들은 창조 질서와 역사 과정 안에 계시가 존재한다는 전통적인 루터교적 고백을 극단화하여 다음과 같은 결론에 도달하였다.

"만일 하나님께서 히틀러란 인물을 우리에게 주셨다면, 우리가 히틀러를 지지하는 것은 마땅하다"는 지점까지 밀고 나갔다. 이러한 유혹에 저항하여 고백교회는 그리스도의 규범성normativeness에 호소하였다. 그것은 종교개혁 신조를 반영하면서도 나아가 새로운 종류의 이슈와도 연관시켰다. 이것이 교회의 저항에 그다지 대단하지는 않았으나 실질적인 특성과 효과가 있었다.

우리는 이제 교회 안에서 기술적, 전통적으로 "자연신학"natural the-ology이라고 알려진 이슈에 봉착하게 되었다. 어딘가에 진리가 존재하며, 진리가 주어졌다는 것은 이성적 인간에게는 자명하다. 그리고 그것은 예수로부터 배웠던 것과 다른 내용과 지침을 제공해 줄 수 있다는 주장이다. 이제 전쟁을 찬성하기 위해 다음과 같은 진리에 호소하기에 이른다. 주어진 국가, 독단적인 상위 권력의 '합리성', 효율성과 정치적 책임 기준이라는 '현실주의', 다른 대안에 대한 수용불가. 이것들은 모두 '자연적'인 모습이고, 자명한 진리라고 주장한다.

우리의 주장을 명백하게 진술하기 위해 이러한 배경을 언급했다. 전쟁이라는 사안은 결정적이고도 가장 전형적인 시금석이다. 아마도 이것은 우리 시대의 가장 결정적인 테스트 포인트로, 궁극적으로 우리가 "세상의 빛"으로 고백하는 것이 예수인지 혹은 그 외의 다른 권위인지를 묻는다. 전쟁에 대한 윤리적 수용을 지지해야 한다는 주장은 "자연적"인 모습이라고 앞에서 언급했다. 만일 우리가 '빛'이신 그리스도가 무엇을 의미하고, 또 어떤 방향으로 이끄는지가 분명하지 않다면, 이것은 우리를 그리스도와 "다른 빛들" 사이의 명백한 양극단에서 무엇을 수용해야 할지 말해주지 않는다. 따라서 독일적 기독교 운동의 계시 주장을 폭로하는 것과 동시에 예수를 사회적 인간으로 읽는 새로운 방식의 발전 또한 자못 중요하다.

과거 세대의 성서 신학에서 가장 중요한 발전 중 하나는 예수의 사회적 인간성에 대한 새롭고도 총체적인 인식이었다. 과거 자유주의와 정통 신학은 모두가 윤리와 관련하여 예수를 도덕 교사로 설정했다. 그들은 예수의 가르침의 특정한 의미만을 논의 대상으로 삼았다. 산상 수훈이나 예수의 가르침의 교훈적 부분이 제기하는 이슈들을 어떻게 받아들여야 할지가 그들이 다루려고 했던 부분이었다. 예수의 십자가나 공생애는 도덕적으로 아무런 의미가 없다고 가정했다.

오늘날 메시아사상은 예수와 제자들에게는 정치적 주장이었고 인간으로서의 공생애는 정치적인 연관성이 있었다는 사실이 널리 받아들여지고 있다. 이것은 그가 단순한 선생에 지나지 않는다는 생각을 배제할 뿐만 아니라 예수의 가르침은 사회구조적 문제와는 상관없는 조야한 것이었기 때문에 그의 가르침이 윤리적으로 부적절하다는 개념 역시도 배제한다. 혹은 그가 세상은 곧 종말을 맞이할 것이며 사회 문제에 대해 아무 생각도 없었던 묵시론자였기 때문에 그의 가르침은 윤리적으로 부적절하다는 개념도 제거된다.4) 따라서 예수는 단순한 교사나 사회적 활동가 정도가 아니라, 그의 가르침과 인격의 통일성 속에서 그를 이해해야 한다. 그의 삶은 산상수훈과 일치하는 삶이다. 십자가는 예수의 도덕적 가르침의 핵심적 의미이다.

이제는 다음 단계로 넘어가자. 예수의 인간성은 하나님의 뜻을 행하려는 사람을 위해 하나님의 목적을 드러내는 계시이다.

하나님이 인간의 몸을 취하셨다는 성육신 개념은 종종 우리의 생각을 형이상학으로 향하게 한다. 사람들은 어떻게 인간 본성과 신적 본성이 한 인격 안에서 현존할 수 있는지를 묻는다. 이와 같은 실체적 기적에 대해 아타나시우스 전통은 기꺼이 받아들이는 반면, 존 A. T. 로빈슨에게는 전혀 생각할 수도 없는 것이지만, 형이상학이 문제라는 것에는 양자 모두 동의하는 것 같다. 하지만, 신약이 예수와 성부의 하나됨을 확언한다는 점을 인정한다면, 이것은 실체가 아니라 의지와 행위의 관점에서 토론되어야 한다. 아버지의 뜻에 완전히 순종한 예수 안에서 예수와 성부의 합일은 가시화된다. 하나님이 가난한 자들의 편을 드셨다는 것이 예수에게서도 분명히 나타난다. 하나님이 왕으로 오시면 그분은 칼과 보좌를 거절하고 대신에 채찍과 십자가를 선택한다는 사실이 예수 안에서 분명하게 드러났다. 하나님께서 자기 원수를 위해 이같은 일을 행하신다는 사실이 바로 복음이다. 만일 하나님께서 이런 방식으로 자신을 계시하신다면, 그분에게 속하여 그분 뜻에 복종하는 사람들에게 계시되는 도덕적 의무도 마찬가지이리라.

예수의 인격 속에서 윤리학의 심오한 원천을 찾아야 한다는 주장은, 최근 평화주의 전통이 유혹에 빠지기 않도록 방지해 주는 교정책이었다. 초기 평화주의의 심각한 단점은 예수의 삶과 죽음을 예수의 가르침과 분리하고 추상화하는 일에 집중했기 때문이었다. 이러한 집중 그 자체가 잘못은 아니라 할지라도, 쉽게 오해를 받거나 피상화 될 소지가 다분하다. 평화주의자들이 예수의 말씀에 관심을 기울임으로써 그들은 인간의 복종과 성취에 대해서는 비현실적인 것처럼 보였을 수도 있다.[5] 그렇지 않으면, 그들이 인간의 능력에 대해서는 이타적이면서도 고난을 수용하는 초인간적인 요구를 한다는 점에서 청교도적으로 보였을 수도 있다. 아니면 갈등의 현장을 떠나 도덕적인 순수함과 의지에 관심을 기울였다는 점에서 수도원적으로 보였을 것이다. 그것도 아니라면 기록된 계명이 각 시대마다 어떤 의미를 지니고 있는지를 언어학적으로나 의미론적으로 정확하게 해석하는 것이 가능하다고 주장하는 고직식한 사람들처럼 보였을 수도 있다.

이러한 위험 요소들은 실제로 존재하며, 계명의 말씀에 집중한다고 해서 그러한 위험 요소들로부터 보호해 주는 것도 아니다. 성육신이 갖는 계시적 권위에 마음을 열어 놓을 때 이러한 유혹에 빠지는 것을 방지해 주는 교정 수단이 될 것이다. 예수의 삶과 죽음에서 우리는 그분의 가르침의 실재와 가능성을 발견할 수 있다. 만일 우리가 그분처럼 죽고자 **한다면**, 그이 선택하신 삶의 방식대로 살아가는 것 또한 가능한 일이다.

예수가 개인적으로 부당한 폭력을 거부했을 뿐만 아니라 가장 의로운 목적으로 수행되는 폭력 사용도 거부한 것은 주지의 사실이다. 예수의 가르침을 단순히 폭력의 **부적절한** 사용을 차단하기 위해 경각심이나 민감성을 가지라는 요청으로 오독誤讀하는 것은 이제는 불가능하다. 실제로 예수께서 받으신 유혹은 폭력의 **적절한** 사용이었다. **정당방위**legit-imate defense를 위해 칼을 사용하는 것에 대하여 예수는 칼을 사용하는 자는 칼로 망한다고 말씀하셨다.

따라서 예수의 인성에 뿌리내린 평화주의를 통해서, 율법과 사랑, 이상과 현실 사이의 전통적인 긴장이 내재한다는 것이 거짓임을 알 수 있다.

신약 전체에서 즉, 백부장에게 양심적 병역 거부자가 되라고 말씀하지 않았던 예수에게서, 침례세례 받으러 온 군인들에게 군인이란 직업의 비윤리성에 대해 침묵했던 침례세례 요한에게서, 성전 정화 사건에서 전쟁의 정당성을 확보하려는 노력에 종지부를 찍었다. 평화주의를 진지하게 비판하는 사람들조차도 점차 그런 차원에서의 논증을 중지하고 있으며, 비저항적 예수라는 인물에서 논의를 시작한다.[6) 이러한 인식은 이전의 신학적 전통에서 얻었던 것보다 분명한 인식의 토대가 되고 있으며, 전쟁이 정당화될 수 있다면 윤리학의 다른 기준은 그 가르침에 위배될 수밖에 없다. 따라서 독일 교회의 투쟁에서 나타난 사례처럼, 정치 윤리의 쟁점 이면에는 신학적 권위라는 쟁점이 어렴풋이나마 나타나 있다.

전쟁에 대한 논쟁에서 가장 최근의 두 가지 형태에 대하여 언급함으로써 "다른 빛들"의 현상을 가장 잘 설명할 수 있을 것이다.

오늘날 이런 유형의 사고방식은 전통적인 "정당한 전쟁" 이론에서 아주 분명하게 나타난다. 이것은 라인홀드 니버와 그 제자들의 정치적 '책임'에 대한 현대적 주장에서 분명히 볼 수 있다. 세부 구조에 있어서는 전혀 다른 두 가지 유형의 사고는 그럼에도 불구하고 한 가지 특별한 전제를 공통분모로 가지고 있다.

"정당한 전쟁"론은 대부분 평화주의자가 해왔던 것보다 훨씬 더 신중하게 다루어야 할 주제이다. 국가의 이름으로 자행되는 폭력에 대한 윤리적 판단이 존재할 수 있음을 진지하게 고려해야 한다. 그리스도인들 대다수가 이렇게 생각하지 않지만 말이다. 그들은 오히려 국가의 폭력 그 자체는 종교적 차원에서 신성하다고 여기던 마카비적 가정에 공감하며, 국가는 그 자체가 법이라고 생각하던 마키아벨리적 관점에 공감한다. 폭력 사용에 대한 윤리적 비판이 일어나는 곳에서 어떤 방식으로든 정당한 전쟁 논리가 사용되며, 이런 현상은 윤리적 판단을 위한 최소한의 개방이란 점에서 환영할 일이다.

여기에서 우리의 목적은 정당한 전쟁 이론 자체의 분석이 아니다.[7) 다만, 계시적 권위로 주장할 수 있는 어떤 구체적인 가정들, 즉 하나님의 뜻으로 받아들여야 한다고 주장하는 전제들에 주목해야 한다.

　"정당한 전쟁" 이론은 특정 유형의 폭력을 합법화 할 수 있는 특별한 경우를 설정하려고 논리적으로 신중하게 기준을 제시함으로써 폭력의 정당성을 확보한다. 라인홀드 니버는 허술한 논리(무엇보다 논리적 정확성이 중요하다는 확신도 없이)로 정의를 위해서 권력을 사용해야 한다는 점을 강조하고 있다. 그러나 이 접근 방법은 공통점이 있다. 역사의 과정을 주도하여 자신이 선택한 목표를 달성하는 것이 그리스도인의 의무라고 한다. 보다 전통적인 표현을 빌리자면, 다른 사람들 위에서 그리고 사회의 발전 과정 위에 "군림"하는 것이 그리스도인의 의무라고 한다. 이제 내가 그런 명령을 요청할 권리가 있을만큼 선한 사람인지 질문을 던짐으로써, 역사를 주도할 의무가 무슨 의미인지 시험해 볼 수 있다. 또는 역사가 어떤 방향으로 진행되고 있는지 이해할 만큼 나는 충분히 현명한가를 질문할 수도 있다. 아니면 올바른 방향으로 역사를 이끌 수 있을 만큼 강력한 힘을 소유하고 있는가를 질문할 수도 있다. 모든 면에서 라인홀드 니버의 사상은 균형잡힌 듯이 보인다. 하지만, 우리가 직면해야만 하는 근본적인 문제는 "그대들이 역사를 바로 세우라"는 명령이 우리 문화 속에 깊이 뿌리 박혀 있어서 그것을 증명해야 할 필요가 있는지조차 인식할 수 없다는 데 있다.

　우리는 정당한 전쟁론이라는 특정 형식으로 "다른 빛"에 대해 살펴보았다. 왜냐하면 이 주제는 역사적으로, 그리고 현재적인 언어로 이 이론을 가장 강력하고도 창조적으로 설명한 라인홀드 니버라는 인물을 통해 가장 철저하게 연구되었기 때문이다. 그러나 이 이론은 또한 무수히 다른 방식으로 설명될 수 있다.

　"창조질서"order of creation라는 용어가 있는데, 이는 개신교 사회 사상에서 널리 사용된다. 하나님이 세상을 창조하셨기 때문에 세상에는 권위가 존재하며, 그 권위를 가진 사람들은 다양한 윤리적 주장으로 폭력을 정당화한다. 그러므로 우리는 하나님이 원하셨던 방식, 즉 하나님의 창조적 권위에 근거하여 그것을 반드시 받아들여야 한다. 왜냐하면, 우리의 관점으로 보자면 창조의 유일한 자리는 타락한 형태 속에 존재하기 때문이다. 이것은 논리적으로 입증할 수 있는 주장이다. 그러나 내부적 비판도 존재한다. 창조는 계시의 통로이다, 라는 긍정적 확언은 기실 예수 그리스도의 사역과 말씀과는 다른 명령으로 우리는 받아들인다. 최근 개신교 사상에서 가장 분명한 형식은 리처드 니버H. Richard Niebuhr의 저술에 등장한다. 그는 성자의 윤리학과 성부의 윤리학을 구분했으며, 성부 하나님으로 말미암아 창조 질서의 계시적 특징이 나타난 것으로 본다.8)

"다른 빛"을 정의하는 또 다른 방식은 성령에 의한 직접적 계시라는 주장이다. 2세기 몬타누스Montanus로부터 1960년대 중반의 "상황 윤리"에까지 이른다. 그들은 만일 우리가 과거의 권위에 대한 제한된 규정들을 폐지할 수 있다면 우리 가운데서 말씀하시는 분명히 현존하는 권위가 존재할 것이고, 그것이 우리에게 과거의 권위와는 다른 가르침을 제시할 수 있다고 주장한다. 우리는 '상황적' 접근에 대한 무수한 내적 비판을 할 수 있다. 그 상황에서 내가 생각하는 모든 것은 정당한가? 옳고 그름 사이에는 여전히 의미 있는 차이가 존재하는가? 나는 성령에 대한 모든 생각을 신뢰할 수 있는가? 아니면 다른 영들도 존재하는가? 그러나 이것 역시 예수의 가르침과 다른 교훈을 찾는 또 다른 방식이라는 점을 주목하는 것만으로 만족하도록 하자. 가장 충격적인 일화에서 이끌어 낸 "상황 속의 도덕"에 관해 쓴 저자들은 성행위의 영역 다음으로 살인을 그 예로 말할 것이다.

이러한 요소 이외에도 "자아 성취"의 윤리, 예수께서 보여주신 것과 다른 내용의 사랑인 '사랑'의 우월성에 대한 주장을 발전시키려는 시도가 있다. 여기에서 우리가 염려하는 것은 의미 있는 몇 가지 접근방식의 차이가 아니라 오히려 그들의 접근방식은 늘 같다는 데 있다. 그것들은 모두 신약이 증언하는 예수를 통해 우리에게 제공되기보다는 몇 가지 다른 윤리적 통찰이라는 통로와 행동 방식 안에 우리의 신앙을 자리매김하거나 그것을 전제한다. 예컨대, 이러한 접근방법들은 내가 내세우는 대의명분을 위해 언제 이웃의 생명을 희생시킬 것인지를 알 만한 지혜가 있다는 자기 확신을 정당화한다. 따라서 그들 모두는 다른 윤리적 통찰의 통로 안에서 또 다른 윤리적 가르침의 실체를 발견한다. 예수께서 제자들에게 악을 선으로 갚으라고 가르쳤지만, 이 다른 빛은 악惡의 일정량을 돌려 주라고 요구하거나 (일정량의 악을) 허용한다. 예수께서 제자들에게 핍박을 예상하라고 말씀하셨지만, 이 다른 빛은 어떤 상황에서는 나름의 근거에 따라 우리더러 다른 사람에게 고통을 겪게 하라고 지시한다. 이러한 접근법을 공개적으로 다루는 것이 불가능한 한 가지 이유는 저 밖에 불량한 녀석이 존재한다는 것이 인간의 근본적인 문제점이 아니라는 사실이다(이것은 성서적 증언에 따르면 단순한 가능성 그 이상이다). 나에게 그리고 세계에 가장 잘못된 것은 나의 권력 의지와 나의 자기주장을 합법화해 달라고 하나님께 청원하는 것이다. 그것은 권력에의 의지가 인간에게 가장 골칫거리라는 것을 인식하지 못할뿐더러 사실상 권력에의 의지가 "다른 빛"에 의해 주장되고, 승인되고, 권위를 부여받는다.

여기서 우리는 복음의 메시지를 다소 덜 단정적으로 주장하거나 더 보잘 것 없게 만들어서 야기되는 혼란이 아니다. 그것은 순진한 사람들이 기독교적 통찰력을 사회 문제에 "곧바로 적용할 수 있다"고 생각했던 것보다 가능성이 적다는 그런 차원도 아니다. 우리가 하려는 바는 계시가 근본적으로 경쟁적 주장에 불과하다는 것이다. 만일 역사를 올바로 세우는 것이 나의 의무라고 말한다면 그것은 "창조" 혹은 "정치적 책임을 지도록 나를 몰아가는 사랑", 그리고 "상황"의 요청에 호소하는 것이다. 이는 그야말로 예수의 뜻을 거슬러서 또 다른 명령과 또 다른 명령의 원천에 두는 것이다. 그것은 단순히 예수의 가르침에서 빠진 부분에 호소하는 부수적인 지식의 차원이 아니다. 그것은 예수께서 분명하고도 핵심적으로 말씀하셨던 것과 모순될 따름이다. "뭇 민족의 왕들은 백성 위에 군림한다. 그리고 백성에게 권세를 부리는 자들은 은인으로 행사한다. 그러나 너희는 그렇지 않다."눅22:25, 26 새번역

1970년대는 계시의 개념이 명확하지 않았고 인기도 없었다. 하지만, 인기가 있든 없든, 그리스도인들이 충성을 바칠만한 모든 가치 주장은 또 다른 초월적 권위를 인정하도록 사람들을 불러낼 것이다. 이런 상황이라면 우리는 예수가 "계시"라는 말이 의미하는 바 그대로 현대 철학을 만족하게 할 필요가 없다. 예수의 명령에 반하는 가르침에 더 비중을 두는 이들에게 그분에게 필적할 만한 규범적 권위가 있는지 또는 그들이 예수에게 줄 수 있는 것보다 실제로는 훨씬 더 큰 규범이 있는지를 기능적으로 관찰하는 일이다. "다른 빛"의 옹호자들에게는 자신들의 진리 주장을 정당화할 필요가 없게끔 하는 자명한 것이 있다. 전통적으로 "계시"는 비합리적 권위의 일종이라는 것이다.

정당한 전쟁론의 총체는 논점을 교묘히 회피한다. 옳은 것으로 미리 가정해 놓고 설명한다. 이 점을 좀 더 길게 논증할만한 충분한 가치가 있다. 다른 무수한 윤리적 가치가 확실하게 알려졌고 수용되고 있어서,

그들은 전쟁이나 무기 사용을 평가하는 단 하나의 관점만 제공한다. 예를 들어 전쟁은 합법적 권한에 의해서만 수행되어야 한다고 말한다. 그러나 어디에서 정치적 권한을 위한 합법성이란 정의를 얻을 수 있단 말인가? 인간의 본성이 합리적이고도 윤리적 존재로 인정할 때에만이 그러한 무기를 사용할 수 있다고 말한다. 하지만, 인간의 본성을 정의할 수 있는 사람이 누구이며, 전쟁의 어떤 수단들이 그것을 존중할 수 있을까? 전쟁에 의해 초래될 확실한 악은 전쟁이 방지하려는 악보다 더 커서는 안 된다고 말한다. 하지만, 어떻게 우리는 한 악에 대해 또 다른 악의 경중을 측량할 수 있단 말인가? 정당한 전쟁은 명백한 공격이 존재할 때 수행될 수 있다고? 도대체 무엇이 공격이란 말인가? 여러 가지 방식으로, 정당한 전쟁 철학의 전체 유산은 웅장한 구성물로 드러났고, 개념 정의조차 필요 없는 자명한 가치에 근거하여 원수를 어떻게 대우해야 할지에 관한 예수의 모범과 가르침을 제쳐놓는 사례가 만들어진다. 이것이 제 기능을 발휘하려면 주어진 경우에서 작용하는 논리와 나머지 가치들도 일종의 권위를 가져야만 하는데 그것을 위한 최상의 단어가 "계시적"이다. 그렇지 않았더라면 그것들은 예수와 견줄만한 비중을 갖지 못했을 것이다.

우리가 계시 주장과 관련된 것을 규명하자마자, 우리는 거의 논증의 막바지에 이르렀다. 예수는 당신이 받으신 대로 제자들에게 하나님 아버지의 뜻에 복종하라는 점을 아주 분명하게 설명하였다. 어떤 사람이 그리스도인이라고 주장하면서도 다른 것에 계시적 권위를 부여한다면 그것은 개념상 신학적으로 토론할 만한 선택 안이 될 가능성이 없다. 왜냐하면, 그것은 "다른 빛" 혹은 다른 신의 선택이기 때문이다. 이것은 특히 그렇다. 예수를 따른다는 것의 구체적인 뜻으로부터 멀어지게 한다면 그리고 자신이나 나의 연장선상에 있는 사회에 덜 희생하고 더 이익을 얻는 행동을 선택한다면 말이다. 나는 다른 신들은 그리스도인들이 "우리 주 예수 그리스도의 아버지"라고 부르는 그분보다 그다지 복종할 가치가 없다고 주장한다. 또한, 다른 매개자를 통하지 않고 예수 그리스도의 삶과 사역, 가르침을 통해서 하나님을 드러내는 것이 유일하신 그분을 기쁘시게 한다고 말한다. 다른 신들을 따르는 사람들은 행복할 수 없다고 주장할 수도 있다. 그래서 정경과 신조 곁에 또 다른 원천에서 윤리적 의무의 내용을 나란히 배치할 것인지가 근본적인 사안이라는 것은 앞서 우리가 규명한 논점을 벗어난 것이다.

우리는 에큐메니컬의 맥락에서 논의하고 있기 때문에 "오직 그리스도에게만"이란 호소가 비록 1948~1961년에 사이의 세계협의회World Council, 9)에서 '유행' 처럼 호의를 보였을지라도, 가장 진정한 에큐메니컬한 자세였다는 점을 주목할 필요가 있다. 만일 내가 예수의 권위에 특정한 교회를 더하고plus, 예수에 상식을 더하고, 예수에 나 자신의 통찰을 더하고, 예수에 특정한 신조에 따르는 유산을 더하고, 그것들에 헌신한다고 말하면, 그러니까 예수 외에 어떤 여분의 것을 덧붙이는 것이야말로 구조적으로 분파주의자이다. 서로 다른 "더하기"plus를 가진 이들이나 "더하기"가 없다고 주장하는 사람들, 그렇게 함으로써 그들 자신의 역사성을 인정하기를 거절하는 사람들 사이의 담화는 내가 보기에 불가능하다. 다른 한편, 규범이 되는 단 하나의 지향점이 신약성서가 증언하는 예수이고, 예수이어야만 한다고 엄격하게 주장한다면, 특정한 위계질서나 특정한 교리에 헌신함으로써 자신을 배제하기로 스스로 선택하는 이들 외에는 에큐메니컬 대화에서 배제될 사람은 없을 것이다.

오직 예수에게 호소하는 평화주의자는 그를 매료시키는 덜 가치 있는 논증에 맞서서 다른 그리스도인들과 대화를 통해 자신의 사례를 강화시켜야만 한다. 예수에 사회적 책임을 더하고, 예수에 서구의 자유를 방어하고, 예수에 "혁명"을 더해야 한다고 주장하는 비평화주의자는 더는 대화를 할 수 없게 만드는 부차적 가치 기준에 몰두함으로써 새로운 분파주의를 만들어 내는 것이다.

---

1) Willem A. Visser' t Hooft, *The Kingship of Christ*, New York, 1948.

2) Oliver Tomkins, ed., *The Third World Conference on Faith and Order*, SCM, 1953, pp.15-20.

3) Arthur C. Cochrane, *The Churches' Confession Under Hitler*, Westminster, 1962, 특히 256쪽을 보라: "우리는 예수 그리스도에 속하지 않고 다른 군주에 속한 삶의 영역이 있다고 주장하는 것과 같은 거짓 교리를 거부한다."

4) 예수의 적실성을 약화시키려는 방식은 나의 책 『예수의 정치학』 15쪽 이하에 보다 충분히 설명되어 있다.

5) 라인홀드 니버의 가장 단순한 부정은 항상 다음과 같았다: 평화주의는 사랑을 단순한 가능성으로 여긴다. 초기 평화주의자 입장이 지닌 약점에 관해서는 소책자 『그럼에도 불구하고』(대장간 출간예정)*Neverthelss: The Varieties of Religious Pacifism*, Herald Press, Scottdale, Pa. 1972와 비교해 보라.

6) 라인홀드 니버는 그의 책 『기독교 윤리 해석학』*Interpretation of Christian Ethics*, Harper, 1935, 37쪽에서 이것을 분명히 밝히고 있다. 이것은 보다 전통적인 개신교 사상에 대한 진일보를 보여준다.

7) 참조. 최근 랄프 포터(Ralph Potter)가 다시 쓴, *War and Moral Discourse*, John Knox Press, 1969.

8) H. 리차드 니버의 "삼위일체적" 접근법은 『그리스도와 문화』81, 114, 131쪽에 언급되어 있다. 그러나 "The Doctrine of the Trinity and the Unity of the Church," *Theology Today*, 10월호, 1946호 보다 자세히 나와 있다.

9) 1961년도는 세계교회협의회가 기독론 사상에 대한 집중력이 점차적으로 약화되기 시작한 것을 특징으로 한다. "우주적 그리스도"나 "역사 속에서 일하시는 하나님" 또는 "국가 건설에의 참여"에 관심이 기울어지기 시작했다. 이는 특히 기독교적 입장이 과도할 정도로 협소한 내용에 대한 염려(많은 사람들이 그렇게 여기고 있다)이다.

3. 그리스도, 세상의 소망

역사의 이해

이전의 연구1)에서 우리는 "기독교 신앙에 비추어 본 역사 철학" 또는 "역사 신학"이 자율적 인류를 노예로 만드는, 그래서 그리스도의 주되심의 함의가 선포되는 대상인 현 세계 질서 구조인 정사와 권세에 관한 사도 바울의 사상을 살펴보았다.. 그런 다음, 사회 속에 존재하는 권세와 구조에 대한 기독교적 이해를 돕고자 이러한 통찰이 주는 "권세"의 함축적 의미를 이야기했었다. 여기에서 우리는 같은 질문에 대해 또 다른 측면을 살펴보기 위해서 권세에 대한 이러한 통찰을 통해서 우리가 역사의 과정, 방향성과 의미에 대하여 무엇을 말할 수 있는지 질문해 보고자 한다.

역사의 재고

아마도 권세에 대한 기독교적 선언이 주는 효과를 가장 잘 설명하려면 권세를 겸손한 수준으로 제한해야 한다. 기독교적 선언은 그 자체를 목적으로 간주하던 권세를 인간의 복지를 증진시키기 위한 수단으로 본다. 그리고 사회, 문화적 안정의 원천이었던 권세를 변화의 요인이 되게 한다. 기독교 공동체의 헌신이 명백할 수록 그동안 "말썽만 부려왔던" 권세는 통제될 수 있다.

그러나 권세란 아주 겸손하게 되었다는 소식을 듣는 대신에, 권세가 반역을 일으키거나 자신의 우상숭배적인 독립성을 되찾으려 한다는 소식으을 듣게 될 수도 있다. 그런 맥락에서 벌코프Hendrik Berkhof는 권세의 "분노"에 대해 말하고 있다: 파시즘, 허무주의와 다른 형태의 세속주의. 갈등 상황에서 그것들의 생명력은 고대 이교도의 생명력보다 더 크다. 그리스도께서 인간의 삶과 역사에 베풀어 주신 중요한 메시지에 대하여 그것들은 동일한 에너지로 맞대응한다. 교회에 제기된 도전에 직면하여 교회가 증언과 신실함을 성공적으로 지켜내는 열쇠는 자신의 정체성을 유지하는 것이다. 교회의 과제는 권세에게 겸손을 요구하는 것이다. 교회는 권력구조를 신성시하려는 유혹을 오롯이 견뎌내야 하는데, 오직 자신의 정체성을 이해하는 교회만이 그 유혹에서 벗어날 수 있다. 또한, 반역적인 권세가 파괴적인 힘을 가지고 다시금 등장할 때, 그리스도인들이 하나됨을 선포하는 것이야말로 그리스도인들이 그러한 탄압에 효과적으로 저항하는 방법이 될 것이다.

구 콘스탄틴주의와 신 콘스탄틴주의

불행하게도 교회의 정체성을 유지하는 것은 지난 2000년 동안 주류 교회가 취했던 입장은 아니다. 가톨릭이든 개신교이든 일반적으로 교회는 권세를 향해 겸손한 자세를 취하도록 요구하고 계속적인 반역에 저항하는 것을 자신의 의무로 여기는 대신에 그들 자신을 각 사회의 권력구조와 동일시하였다.

크리스텐둠의 문화적 단일성이 해체되기 시작한 것은 교회가 분명하게 성서에 충실했기 때문이 아니었다. 오히려 그러한 해체는 교회가 의존해 왔던 (교회의 문화적) 일치가 1648년에 종식을 고한 "종교 전쟁"의 시기에 자신에게 가중된 압박감 때문에 분열되기 시작하면서 벌어진 일이었다. 실제로 교회와 사회, 즉 신성 로마 교회와 신성 로마 제국이 범세계적인 규모를 갖고 있었을 때에는 이들을 단일체로 간주하는 것이 논리적으로는 가능했다. 결코, 문자적으로는 있을 수 없는 일이었지만, 로마 교회와 로마 제국이 세상 전체를 뒤덮고 있다고 주장하는 것은 가능한 일이었다. 하지만, 1648년 이래 분열된 교회는 어쩔 수 없이 분열된 특정한 민족 국가와 동일시할 수밖에 없었다. 이제는 전체 교회와 전체 제국의 일치가 아니라, 특정 지역 혹은 국가 교회와 지역 정부와의 일치일 뿐이다(후에 우리는 기존 사회 안에서 계속해서 진행되는 분열 운동을 보게 된다). 아마도 우리는 이 상황을 "신콘스탄틴주의"neo-Constantinianism; 교회와 국가교회(지역정부)와의 일치–편집자주라고 정의해야 할 것이다. 그것은 교회와 세계 사이의 새로운 국면의 일치 혹은 새로운 종류의 일치이다. 이러한 일치는 콘스탄틴 시대의 세계적인 특성을 상실하고 말았지만, 교회와 사회의 융합은 전과 마찬가지이다. 오히려 연합이 공고화되었다고 말할 수 있다. 종교전쟁이 중세에는 존재하지 않았던 종교전쟁이 특정 교회와 특정 국가 정부를 결합하였기 때문이다. 이제 교회는 전 인류가 아닌 특정 사회를 위한, 전체 사회가 아니라 특정 지배 계급의 종이 된 것이다.

이러한 흐름 속에서 1776년부터 1848년 사이에 서양을 휩쓴 정치적 혁명의 세기에 논리적으로 그 다음 단계의 현상이 나타났다. 이제 점진적 "세속화"가 가시화되기 시작하였다. 교회와 사회 간의 동일시는 더는 당연한 것으로 받아들여질 수 없다는 점이 확연해졌다. 사회가 교회와 세상 간의 동맹을 철회하였다. 이 현상은 북미에서 그랬던 것처럼 교회와 정부 간의 형식적 연대가 정치적 또는 철학적 이유로 단절되면서 발생했다. 그러나 교회와 사회 간의 동일시는 사람들의 마음 속에 견고하게 남아 있다. 미국은 공식적으로 정교분리를 주장하고 있으면서도 자신을 기독교 국가로 여기고 있으며, 대다수 시민들도 자신들을 교회의 구성원으로 간주한다. 군대, 의회, 학교 그리고 심지어 축구경기에도 담당 성직자가 있다. 스웨덴과 같은 국가에서 세속화 과정은 또 다른 방향으로 진행되었다. 이곳에서 교회는 여전히 정부의 공식적인 후원을 누리는 반면에, 대중들의 의미있는 지지는 아예 바라지도 않는다. 이 두 사례가 서로 다르기는 하지만, 콘스탄틴주의의 꿈인 세속화를 보여준다는 점에서 공통적이다. 두 경우 모두 교회는 계속해서 국가를 축복할 수 있으며, 교회와 정부는 가시적 기관으로서 상호 간 협력할 수 있다. 비록 대다수 사회 구성원들을 분명한 의미에서 '기독교인'이라고 하는 것이 불가능하다는 것을 대부분 알고 있지만 말이다. 미국에서 대부분 교인들이 군사 정치적 충성심을 보이는 것은 공식적으로 정교분리를 내세우면서도 여전히 정교일치의 정체성을 갖고 있다는 증거이다. 스칸디나비아에서 교회는 국가의 정책을 지지해 왔으며, 정부는 교회 안에 신앙심이 돈독한 그리스도인들이 거의 없음에도 목회자에게 급료를 지급하고 있다. 공식적인 정교일치가 아니거나 혹은 일반인들에게 종교적 뿌리가 없는 상황에서도 교회가 자신이 속한 사회(그리고 특히 자신이 속한 국가)를 축복하는 단계에 대해서 "신-신-콘스탄틴주의"neo-neo-Constantinianism; 국가가 기독교의 정체성을 상실(세속화)했는데도 여전히 스스로 기독교국가로 여기는 현상-편집자주라는 신조어를 사용할 수 있겠다. 교회와 세계의 일치는 반으로 약화되었지만, 교회가 교회 자신과 교회의 비전을 국가에 영합하는 시도는 지속되고 있다.

그러나 이러한 세속화의 움직임은 앞으로 더 심각해질 수 있다. 우리가 사는 이 시대에는 기독교적이지 않은 철학들이 존재한다. 그 철학들은 이미 권력을 쥐고 있으며, 교회에서 분리된 것은 아니지만, 그들이 변화시키려고 하는 문화 안에 존재하는 종교적인 차원에 대해서는 노골적으로 반대한다. 우리가 보건데 사회는 어쩌면 반종교적antireligious이거나, 적어도 탈종교적인 세속주의자들이 주도하고 있으며, 인간의 모든 중요한 가치들이 오히려 종교의 지원 없이 더 잘 이해될 수 있고 더 잘 달성될 수 있음을 안다. 사회가 종교를 거부하는 경우라 할지라도, 세속화도 교회가 지지하고 후원할 때 가장 성공 가능성이 크다고 주장함으로써 교회가 계속 이전의 태도를 고수할 가능성이 있다. 최근 동독과 체코슬로바키아에서 볼 수 있는 어떤 개신교 사상에서는 디트리히 본회퍼가 제시했던 "성서 메시지의 비종교적 해석"을 개신교와 공산주의 정부 간 상호 인정의 길을 예비하는 방법으로 이해하고 해석하였다.2) 이와 비슷하게 서구에서 복음을 비종교적 언어로 전환하는 것이 교회의 메시지를 새로운 "세계"로 전달하기 위해 치러야 할 대가인 양 제시된다.3) 앞 세대의 제한된 영향력을 극복하는 데 몰두하는 제3세계의 신생 국가에서 그리스도인들은 자신들이 "세속" 정부와 공동 목적을 창출해낼 능력도 있으며, 그럴 의무도 있다고 열정적으로 주장하고 있는데, 이들은 국가가 선택할 수 있는 어떤 종교적인 선호보다도 구조적인 중립성을 선호한다.

탈종교적 세속주의가 인기를 끄는 한 이것과 연대하려는 교회의 이러한 집착을 "신-신-신 콘스탄틴주의"neo-neo-neo-Constantinianism; 탈종교적 세속주의-편집자주라고 부를 수 있을 것이다. 교회와 세계의 이러한 일련의 연대는 현재까지 이어져 오고 있다. 우리는 그 연대가 주는 의미를 간파하고 있기 때문에 그것을 미래에도 써먹으려 할 가능성이 있다.

미래가 특정한 동기 때문에 영향을 받으며, 역사도 특정한 체제의 통찰에 따라 움직인다고 확신한다면, 이미 현 시점에서도 그러한 동기에 편승하는 것이 가능하다. 또한, 이로 말미암아 옛 질서가 붕괴하고 새로운 질서가 승리할 때에도 우리는 전혀 피해를 받지 않을 것이다. 교회가 도시화의 시대에 어떻게 급격하게 변할 지에 대한 예측에 비추어 볼 때 그런 현상의 일부세상의 변화에도 불구하고 교회가 전혀 피해를 보지 않는 현상-편집자주가 북미에서 일어나고 있는 것으로 보인다. 같은 현상이 남미에서도 발생했다. 그리스도인들이 불가피할 뿐만 아니라, 긴급하다고 생각했던 정치혁명을 무비판적으로 승인하였다. 이처럼 아직 존재하지 않는 질서를 미리 승인하는 것은 그것을 성취하고자 희망하는 사람들이 의존하는 수단의 승인과 연결되어 있고, 우리는 이것을 "신-신-신-신 콘스탄틴주의"미래의 급변하는 상황에서도 전혀 피해보지 않으려고 몸부림치는 모습-편집자주라고 부른다.

콘스탄틴적 유혹에 대한 해부

세속적 분석이라는 장애물 앞에서 교회의 대의를 방어하려는 모든 노력은 근본적으로 공통된 동일한 원칙이 있다. 역사의 진정한 의미, 구원의 진정한 자리locus는 교회가 아니라 우주 안에 있다는 사실은 참으로 중요하다. 교회 안에 있지 않다. 하나님이 실제로 행동하신다고 할 때, 그분은 기독교 공동체가 아닌 사회 전체 구조를 통해 일하신다.

둘째, 앞의 가정과 분명한 연관은 없지만, 우리가 협력하고 돕는다면, 이미 성취의 과정 중에 있는 세상을 위한 구원을 완성할 수 있을 것이라고 가정한다. 우리는 인간이 살아갈 가치가 있는 사회를 창조하는 데 동참하고자 우리를 둘러싼 권세와 동맹 맺는 데는 선수다.

이러한 견해들은 다양한 것처럼 보인다. 신콘스탄틴주의는 콘스탄틴주의의 대적인 동시에 최종적으로는 콘스탄틴주의의 처형자로 보일 것이다. 그래서 그들은 언제나 자신을 철저하게 불구대천의 원수로 간주했다. 사실상 그들은 가장 근본적인 가정을 공유하고 있다. 그것은 그들이 원수지간으로 같은 영토를 지배하려고 싸우려고 하기 때문이다. 그들이 이전보다 더 높은 윤리적 수준으로 높아졌기 때문이 아니다. 그들 모두는 윤리적 규범의 원천인 교회와 예수 그리스도, 신약성서의 타당성을 제한하는 것에 동의한다. 그들에게 있어서 이 세계의 사회 발전 구조는 그 자체가 발생해야만 하고, 그렇게 될 수밖에 없는 일종의 계시이다. 처음에 이 "세속적 계시"는 로마 황제의 권력이라는 방식으로 다가왔다. 오늘날 현대 세속주의에서 이 "계시"는 과업을 추진하게 하는 기술 관료적 사회의 환상적 능력을 위해 우리가 가진(신-신-신 콘스탄틴주의) 존경심이요, 또는 모든 것은 너무 타락하여 오로지 혁명만이 의미 있는 정언 명령이라고 여기는 우리의 확신(신-신-신-신)이다.

다른 "진리", 생존이나 번영 또는 국가 단위의 발전이나 재건은 성서적 정언 명령보다 훨씬 중요한 것이 되었고, 앞으로도 여전히 그렇게 존속할 것이다. 이런 의미에서 교회는 무엇보다도 신자들의 모임이나 만물에 대한 비판자로 보이지 않는다. 오히려 교회는 사회를 위한 사제 chaplain가 되어, 사람들의 구체적인 영적 필요를 충족시키도록 돕기 위한 자원을 공급하고 있다. 이러한 모든 종류의 콘스탄틴주의는 "우리 편", 즉 착한 사람과 동일시하는 것이 교회의 직무라는 공통적 전제를 가지고 있다. 남한South Korea에서 유엔의 활동을 지지했던 단체들이 바로 서구의 교회들이었다. 마르크스주의적 세속 사회에 윤리적으로 우월한 가치를 부여한 것은 사회주의 국가의 교회들이었다. 대중적인 애국심을 유지하는 곳은 미국 바이블 벨트Bible Belt, 미국 남부의 보수적인 교회가 많은 지역을 가리키는 말이다.-편집자주의 교회들이다. 교회가 기성 교회를 조직적으로 거부함으로써 젊은 반항아들의 공동체를 섬기려고 노력하지 않는다면, 결코 "다른 편"과는 한편이 될 수 없다. 그것이 예외조항임에도 불구하고, 이것은 법칙을 입증하는 유일한 것이다.

각 단계에서 우리는 이전의 밀월 관계를 파기하고 이혼하려는 강력한 욕구를 관찰했다. 16세기에는 교회가 로마 황제와 동맹을 맺는 것은 잘못이라는 주장이 있었다. 이러한 불경건한 동맹을 끊기 위해서(마르틴 루터는 이것을 바벨론 포로라고 불렀다) 교회는 국가 정부와 동맹하도록 요청받았다. 다음 단계로, 교회와 국가 정부를 똑같이 보는 것은 잘못이었고, 교회를 특정한 분파 모임과 똑같이 보는 것은 옳은 일이라고 하는 것이다. 또는 조직으로서의 교회를 조직으로서의 국가와 동일시하는 것은 잘못이었다고 말한다. 따라서 사회 조직의 올바른 기독교적 형태는 교회와 국가가 분리되었지만, 동맹을 맺고 있다고 선언해야 한다고 주장한다. 다음 단계는 교회가 서양의 자유주의적 인간과의 동맹을 맺은 것은 잘못된 것이었다고 주장한다. 대신 동구 유럽의 마르크스 인본주의 공화국과의 동맹을 맺어야 했다는 것이다. 반복해서 교회와 세상의 대안적인 새로운 동맹은 이전의 동맹의 부정적 효과를 극복하기 위해 필수적인 것으로 제시되어왔다. 그러한 동맹의 원리를 거부할 것이 아니라, 동맹에 따른 계속되는 잘못된 선택을 거부해야 하며, 낡아빠진 동맹관계를 유지하려는 교회의 시대적 착오를 거부해야 한다.

각 세대generation는 무가치한 정치적 목적으로 동일시했던 것을 맹목적으로 수용했던 이전 세대의 교회를 비난한다.4) 다른 사람들의 오류에 대해서 자신이 옳다는 생각 때문에 각 세대는 근본적인 구조와 오류, 하나님의 뜻을 특정 권력 구조와 동일시하는 오류는 극복되지 않고 새로운 조성으로 조옮김 될 뿐이다. 이러한 실수들은 모두 똑같다. 하나님의 목적과 인간의 권력 구조의 동일시와 (보다 근본적으로는) 우리의 원수와 하나님의 원수를 동일시하는 것이 정당하다고 말한다. 즉 그들을 파괴하거나 최소한 무력화시키는 노력에 선한 양심을 부여하고자 애쓴다. 그들은 앞 세대가 미래가 아닌 과거의 권력을 축복하는 잘못된 선택을 했다고 본다는 점에서 차이가 있다.

원리상 지배적 구조와 동일시하려는 근본 오류는 극복되지 않았다는 말로는 충분치 않다. 그러한 동일시의 단점은 각각의 "새로운"neo 단계에서 사실상 심도있게 다루었다. 각 단계마다 성서적으로나 윤리적으로 옳지 않지만, 적어도 문화적으로 이해할만하고 어떤 의미에서는 고귀한 중세적 종합medieval synthesis이 세분화되어 왔다.

무엇보다도 보편성catholicity에 대한 비전을 점진적으로 포기했다. 콘스탄틴은 실제로 전 세계를 통치하지 않았다. 교회를 로마와 비잔틴과 연결하기 위해, 북쪽과 동쪽 및 남쪽에 인접한 익히 아는 이웃들을 적으로 간주할 필요가 있었다. 그들 중 일부는 기독교인들이었으며, 잘 알려지지 않았던 나머지 세계도 마찬가지였다. 그럼에도, 콘스탄틴 안에 계신 하나님이 현재 통치하는 그 땅이 오이쿠메네oikumene; 사람들이 사는 온 누리란 뜻으로 누가복음에서는 '온 세계'로 표현한다. 오이쿠메네에서 '에큐메니컬'이 파생되었다.—편집자주라고 생각했던 사람들을 이해할 수 있다. 로마 제국은 복음서 시대에 이미 자신을 오이쿠메네라고 불렀다.눅2:1 따라서 제국을 전 세계와 동일시하는 것은 비록 잘못임에도 불구하고 이해할만하다. 하지만, 다음 단계로 접어들 때에 교회와 통치자의 동일시를 통해 긍정된 일치unity는 점점 더 작아지게 된다. 지중해 전체 세계에서 샤를마뉴

Charlemagne의 유럽으로 줄어들고, 심지어는 한 나라로 축소되었다. 분열과 지역주의 시대에 국가는 지나치게 큰 조직이다. 역사에서 일하시는 하나님의 권세로 말미암아 최후의 파편화 단계로 나아갈 때, 미래의 희망의 담지자는 오로지 사회의 일부분, 즉 프롤레타리아 집단이나 보다 현실적으로 "정당" 또는 도덕적으로는 엘리트 소수 집단이 되며, 그들이 하나님의 원수를 파멸시킬 의무가 있다.

그럼에도, **오이쿠메네**로부터 도덕적 사명의 담지자인 특권층으로 이동하면서 점진적으로 보편성을 포기하게 되는데, 이는 한 단계에서 다른 단계로 전환할 때 콘스탄틴 자세를 견지하는 것이 단순한 손실에 그치지 않는다. 각 단계마다 내부의 불의를 비판하는 몸으로서의 교회의 능력 역시 축소된다. 권력을 쥐고 있는 사람의 자만과 수행능력에 맞서서 비판력을 유지할 수 있는 교회의 능력은 제도적이면서도 인지적 차원을 가지고 있다. 중세의 잘못이 무엇이든지 간에 비판 수단은 여전히 존재했다. 교회의 계급은 권력을 기반으로 하며, 독립적인 도덕적 판단을 가능케 하는 자기 이해를 가지고 있었다. 황제나 군주는 추방이나 파문 때문에 어쩔 수 없이 귀담아 들어야만 했다. 저항에 대한 인식적 능력에 대해 정당한 전쟁론의 기준과 군주의 특권에 대한 기타 제한들(기사도의 통치, 하나님의 평화, 사제의 시민 공제, 순례자들의 권리 등)은 실질적인 효과가 있었다.

대부분의 도덕적 독립은 첫 번째 전환에서 일소된다. 종교개혁은 교회의 제도적 자율권을 폐지한다. 르네상스적 회의주의는 파문의 권력을 파괴한다. 종교개혁 고백문에서는 그 이전에는 의문시되었던 정당한 전쟁론이 긍정된다. 분명히 자신의 손아귀에서 빠져나가는 지위를 교회가 장악하려고 할 때, 그리고 교회 사역에 대한 필요성을 더는 느끼지 못하는 청중들을 되찾으려고 할 때, 그 이후의 전환은 구체적으로 비판할 수 있는 능력을 증대시킨다. 이 원인은 여러가지다. 교회의 선택을 개인에게 귀속시키는 교파적 다원주의는 하나의 기관에 의해 발생했기 때문에 객관적인 도덕적 권위 개념을 파괴한다. 철학적 다원주의는 그것을 개념적으로 파괴한다. 교회의 수많은 사상가가 교회의 가치 있는 메시지의 독특성을 어떻게 유지할 것인가를 고민하기 보다는, 어떻게 하면 교회 사역을 의심 많은 청중들의 마음에 쏙 들게 할 것인가에 온통 마음을 쏟기 때문에 그러한 개념 자체가 교회를 파괴한다. 혁명적인 윤리 소수자와 사이비 혁명적 윤리 소수자들이 그 시대의 표징에 대해 과학적 · 객관적 해석을 가지고 경쟁할 때, 다가 올 미래에 대해 비판할 수 없으며, 그들 중 누구도 근본적으로 더 정당한 체제을 만들어 낼 능력이나 확신을 갖고 "혁명이 일어날 것이다"라고 약속할 만한 위치에 서 있지 않다.

누군가 파트너의 선택이 아니라 동맹의 원칙이 잘못이었느냐고 물을 때, 이것은 서로 간의 힘겨루기가 아니라 역사적 효율성과 도덕적 신실함에 관한 질문이다. 각 단계에서 교회는 현재의 권력을 쥔 사람이나 이데올로기에 편승함으로써 사회에 대한 지배력과 유용성을 강화하려고 노력했다. 기성 이데올로기와 통치자를 거절할 필요가 있으면 교회는 차기 승리자 편에 서곤 했다. 효과가 있긴 했지만, 계속적인 발전이 아니라 오히려 환멸감만 샀다. 그러므로 우리는 이전 시대의 교회가 잘못된 권력, 새롭게 부상하는 권력자가 아닌 권력의 자리에서 물러나는 잘못된 통치자와 손을 맞잡은 것이 실수가 아니라, 교회가 기존 사회 질서 자체를 정당화하는 원리를 수용했기 때문에 실수한 것이라고 말해야 하지 않을까? 우리는 오히려 잘못된 권력자와 동맹을 맺는 전술에만 의문을 품을 것이 아니라, 모든 사회 구조와의 공생적 관계를 설정하기 위한 준비태세를 갖추는 것에 의문을 던져야 하지 않을까? 그 통치자가 새롭게 부상하는 자가 아니라 물러가는 자인지의 여부는 이론상 잘못이 있는, 더욱 큰 선택 내에서의 전략적인 계산 착오에 지나지 않는다. 교회가 잘못된 시기에 잘못된 파트너를 선택하는 전술을 비판하지 않고 오히려 모든 사회 질서와의 공생 관계를 맺으려는 성향에 의문을 제기해야 하지 않을까? 그것을 유혹이라고 불러야 하지 않을까?

이런 식으로 우리는 교회가 강력한 영향력을 거머쥐기 위해 사회에서 확고한 지위를 얻으려는 욕망을 허용하는 논리적 관점에 의문을 제기할 수 있다. 교회가 권력 구조와 밀접한 동맹을 끊는 것이 잘하는 것이라고 경험이 말하고 있지 않은가? 우리는 신학적 물음을 던져야 한다. 복음은 우리에게 동맹을 회피하는 방법을 일러주는가? 교회가 권력에서 멀어져 심지어는 그러한 권력이 성공적으로 보이는 그곳에서 자신의 정체성을 지켜 나갈 때, 교회는 보다 유익하고, 보다 효과적으로 공헌할 수 있음을 알고 있지 않은가?

이것은 역사의 교훈이라고 주장할 수도 있다. 기독교 교회는 교회가 지배적인 정치 문화 권력과의 동맹을 피할 때 정확하게 사회 발전과 인간 복지에 더 성공적으로 공헌하였다. 왜 우리는 그러한 교회가 가치 있는 공헌을 했다고 앞으로 다가오는 세대에서도 같을 것이라고 기대하지 않는가? 교회는 단순히 "세상에서 우연히 발생하는 것"과 같은 뻔한 모습을 위해 길거리를 기웃거리지 말아야 하며, "이 일을 행하시는 분이 하나님이시다"라고 주장하는 운동과 교회 자신을 결속시켜 나가야 한다. "세상에서 하나님은 무슨 일을 하시는가?"를 질문하는 대신, "세상에서 일어나는 모든 일의 한가운데서 어떻게 우리는 구별될 수 있을까?

어디에서 그리고 어떻게 하나님은 역사하고 계시는가?”를 교회가 물어야 하지 않을까? 이 질문에 대한 해답은 피상적으로 매일의 역사를 읽어냄으로써 찾을 수 있는 것이 아니라 성령께서 인도하시는 분별력 있는 공동체의 이해를 통해서 찾을 수 있는 것이다.

우리 시대의 많은 사람은 억압받는 사람들의 필요에 깊은 감명을 받고 있으며, “혁명은 하나님의 뜻”이라고 간단히 선언해 버린다. 그리고 그것이 확고한 진술이라고 믿어 의심치 않는다. 그러나 더욱 정확하고도 심오한 질문을 던지는 법을 배울 필요가 있다. “수많은 혁명이 유행처럼 번지고 앞으로도 예상되는 세상에서, 그리스도의 제자들이 부름받은 혁명적 종의 자세란 어떤 모습일까?” 고대에서건 미래의 사회에서건 이러한 특별한 부르심은 주인이 아니라 종이 되는 것이다. 따라서 교회는 사회에서 눈에 띄게 권력을 행사하는 가장 막강한 권력과 장래를 보장받는 동맹 관계를 설정하는 것이 새로운 길이 아님을 분별해야 하며, 이러한 권력에 맞서서 교회만의 사역을 수행하기 위해 요구되는 도덕적 독립성의 모습을 분별해야 하며, 교회는 절제와 인간의 존엄성에 대한 존중심으로 부름받았음을 지속적으로 인식하고 있어야 한다.

효율성 대신에

다양한 콘스탄틴의 연속적인 실패에 대한 연구에 따르면, 우리의 복종과 우리가 희망하는 결과 사이의 인과적 관계를 인식하고 조작하려는 노력은 중단해야 한다는 결론에 이르게 된다. 만일 우리가 그들이 약속한 결과를 얻으려는 행동을 정당화하고자 한다면, 우리는 권력 남용이라는 교만에 빠지고 말 것이다. 왜냐하면, 우리 마음대로 수단을 동원하여 목적에 이르고자 하기 때문이다. 우리가 그러한 연결고리가 존재한다고 주장한다면, 반대 현상도 발생하기 마련이다. 우리가 실패하면 체념하고 퇴각하게 될 것이다. 두 경우 모두 우리를 신실한 섬김과 제자도의 일편단심으로부터 더 멀어지게 만든다. 우리는 사물을 있는 그대로 본다는 생각과 역사를 올바르게 움직이고자 하는 의무와 힘의 요구라는 이중적인 교만으로 빠져들고 만다. 만일 우리의 신실함을 인간 예수가 인도할 수 있다면, 사건 과정에 대한 지배권을 확보하려는 시도를 중지해야 한다. 우리는 우리가 추구하는 목적을 달성하기 위해 끊임없이 복종해야 한다.

그렇다면, 우리의 희망의 타당성과 적절성은 무엇인가? 우리가 복종해야만 하는 이유는 무엇인가? 어떤 논리로 우리가 통제할 수 없는 세상에서 계속해서 적극적인 참여를 해야 하는가? 만일 우리가 추구하는 목적을 이룰 수 있다는 보장이 없다면, 그 일을 계속해 나가야 하는 이유는 무엇일까?

"그러므로 이렇게 구름 떼와 같이 수많은 증인이 우리를 둘러싸고 있으니, 우리도 갖가지 무거운 짐과 얽매는 죄를 벗어버리고, 우리 앞에 놓인 달음질을 참으면서 달려갑시다. 믿음의 창시자요 완성자이신 예수를 바라봅시다. 그는 자기 앞에 놓여 있는 기쁨을 내다보고서, 부끄러움을 마음에 두지 않으시고, 십자가를 참으셨습니다. 그리하여 그는 하나님의 보좌 오른쪽에 앉으셨습니다. 자기에 대한 죄인들의 이러한 반항을 참아내신 분을 생각하십시오. 그리하면 여러분은 낙심하여 지치는 일이 없을 것입니다." 히12:1~3; 새번역

그렇다면, 우리의 통제를 받지 않는 세상에서 계속해서 복종하는 것

이 합리적인 이유는 무엇인가? 그것은 바로 그리스도의 사역의 모습 때문이다. 우리의 복종과 하나님의 목적의 성취의 관계는 십자가에 못 박히시고 부활하신 그분(예수)의 감추어진 주되심에 대한 유비에서 나타난다.

'그 표지' sign란 지속적인 적실성 때문에 합리적이다. 예수께서 제자들의 발을 씻기신 것은 팔레스타인의 위생에 변치 않는 공헌을 하기 위함이 아니었다. 그와는 반대로 이 세계에서 영적이고도 윤리적인 가치를 가진 관점을 보여주기 위함이었다. 마찬가지로 그리스도인들이 중환자, 정신 지체자들, 비생산적인 노인들에 대한 돌봄에 헌신할 때, 경제적 효율성이라는 통계학적 지표로 이러한 섬김의 결실들을 측정할 수 없다. 개인의 시각으로 평가하든, 사회의 시각으로 하든, 행동으로 보여주는 것이 행동의 의미이다. 즉, 이 사람이 자신의 이웃의 종이 되고자 여기 서 있다는 말은 바로 실제적인 **표지**이다. 그의 생산력이 아닌 그의 현존과 태도가 표지의 준거이다.

미국의 시민평등권 운동1950~1960년대의 미국 흑인 평등권 요구 운동—편집자 주이 이룬 대부분 업적은 상징적 평가의 범주에 따라 이해되어야 한다. 연좌농성이나 거리행진은 '쓸모 있는 것'이 아니라 '**의미심장한 것**'으로 이해해야 한다. 사회 질서 내에서 직접적인 변화가 측정될 수 없을 때에도, 사람이나 조직이 아직 다른 입장을 취하지 않을 때조차도, 행동이 갖는 효력은 우선적으로 표지로서의 효력이다. 우리는 역사의 주인이 아니므로 우리가 할 수 있는 유일한 것은 말하는 것이요, 우리가 할 수 있는 유일한 말은 행동으로 표현되어야 하는 말로서, 이것은 누구에게도 관심을 갖도록 강요할 수도 강제할 수도 없다. 그러나 이러한 상황에서도 이 언어는 웅변이나 예술적인 창조성이 아닌 역사의 주인이시요, 성령을 신뢰하면서 표현되어야 하며, 이것이 우리의 모습을 메시지로 만들어 줄 것이다. 이것이 바로 우리가 선포하고자 노력하는 희망이다. 원수가 납득하지도 않은 상태에서 그를 굴복시키기려고 강제력과 억압의 수단으로서 권력을 휘두르기 보다는, 우리의 "시위"나 정견 발표가 무엇인가를 설명하고 증명하는 것이 최선의 선택이다.

초월적인 희망은 그 안에 '경이' wonder를 포함하기 때문에 적절하다. 미국의 시민평등권 운동이나 평화 운동과 같은 아주 중요한 사회운동에 대한 모든 설명은 누구나 예상한 것도 아니고, 프로그램화된 차원이 아님을 주목해야 한다. 역사에 대한 기독교적인 충분한 설명은 어떤 결정적인 지점에서는 설명 불가능한 우연한 일치—신앙인들은 이것을 섭리라고 부른다—를 상당히 중요시한다. 종종 명민한 해결책, 영웅적 저항, 화해의 주도권은 전략적 프로그램의 결실이 아니라 놀라움과 계시, "우리의 눈앞에 벌어진 경이로움"이라는 상황에 의해 "주어진" 것이었다. 가장 신중한 전략가들은 사건이란 자신의 손을 떠난 상태에서 발생하는 것이며, 그들이 상황을 계속해서 통제할 수 있었더라도 분명한 해결책이 없음을 알고 있다. 이것이 바로 십자가에 못 박히신 분의 주되심과 조화를 이룰 수 있는 방식이다. 그분의 권세는 우리의 소원을 승인해 주기 위한 하나님의 고무인rubber stamp이 아니라 질그릇 속의 보화요, 무력함 속에서 완전케 하는 힘이다.

때로 초월적 이상은 우상을 폭로하는데 적절하다. 사회가 전적으로 한 가지 이데올로기에 의해 통제되고 있을 때 자신이 충성하고 있는 더 높은 권위의 이름으로 단호하게 "아니오"라고 말해야 할 때가 있다. 우리는 아돌프 히틀러의 인종차별운동에 가입하기를 거부하였던 사람들이 그것을 거부할 권리를 갖기 이전에 대안 사회 전략을 실천적으로나 윤리적으로 제시했어야 한다고 말할 권리가 없다. 우상숭배를 고발할 책임은 대안적 세계를 이룩할 수 있는 우리들의 즉각적인 능력에 의해 조건화되는 것이 아니다. 비순응주의자들이나 양심적 병역 거부자들은 종종 새롭고도 창조적인 사회적 해결책을 발견한 사람들이다. 순응주의를 거부하는 것과 더 나은 해별책을 입안하는 능력은 별개이다.

초월적 희망은 때로 개척자 역할을 수행하는데 있어서도 적절하다. 앵글로 색슨의 민주주의는 복음주의적 교회의 회중 모임 형태를 모방했다는 주장이 종종 제기되고 있다. 과거에 학교와 병원을 만든 것이 교회였으며, 이후에는 훨씬 광범위한 사회인 국가의 제도를 종합하고 지원했던 것도 교회였다. 현시대에는 정부가 젊은이들을 다양한 형태의 국외 봉사와 평화 단체에 자원봉사로 파견하는 것을 발전시켜 왔던 것도 교회 단체였다. 염소들이 국토의 상당면적을 사막으로 만들기 이전에 북아프리카가 소유했던 농업적인 부의 일부를 회복시켜 주겠다는 약속을 시작으로, 작은 규모지만 최초로 산림복구 프로젝트를 착수했던 이들이 바로 알제리 기독교 봉사 위원회였다. 그리스도인들은 다른 공공 기관과는 달리 실패의 위험을 감수할 여유가 있기 때문에 교육과 다른 형태의 사회봉사에서 기수 역할을 할 수 있다.

초월적 희망은 때로 사막의 오아시스 역할을 수행하는데도 적절하다. 만일 사막의 한 지역에서 물이 발견된다면, 이것은 그리 멀리 떨어지지 않은 곳에서 측량할 수 없는 양의 물이 땅 속으로 스며들었기 때문이다. 일정 거리에서 오랜 기간 물이 침투하여 바위의 작은 구멍 속에서 압력을 증가시켜 왔기 때문에 물은 사막 토양 아래에서 이동할 수 있다. 물은 겉으로 보기에는 기적적인 생명유지의 원천으로 나타난다. 그리스도인들의 복종이라는 행위도 마찬가지다. 그리스도인들은 땅속으로 스며들어 눈에 보이지도, 귀에 들리지도 않은 채 압력을 형성하고 지하수를 만들어 내며 인간이 가장 갈증을 느끼는 곳에서 물을 열어 공급하는 활력소가 된다. 사회학자들은 그것을 관습의 창조, 여론의 발전, 일반적 행동을 위한 일반적인 수준의 능력 향상이라고 말할 것이다. 이러한 모든 것은 우리의 복종과 하나님의 목적 성취 사이의 관계가 사랑의 압력이라는 거대한 저수지에서 나 자신의 효율성을 잃어버리는 것을 뜻한다.

초월적 희망은 신기루에 비유될 수 있다. 만일 우리가 말하고자 하는 것이 환각이 아니라 신기루라면, 항해자가 보는 것은 실재하는 것이다. 그가 보는 것이 바로 코 앞의 수평선 위에 존재하는 것수평선은 결코 도달할 수 없는 것으로 환각을 의미하는 것 같다-편집자주은 아니지만 그것은 분명 존재한다. 신기루는 모양을 가지고 있으며, 실제로 일정 방향에서 일탈 현상이 나타난다. 자신이 해야 한다고 목표를 달성하는 것은 아니지만, 그가 보는 것은 자신의 운명의 현실과 동일한 모양과 특징을 가지고 있으며, 동일한 방향에 놓여 있다. 미국에서 시민 권리 운동을 지지했던 군중은 마치 그것이 바로 지척에 있는 양 "자유의 땅"의 거리에서 노래했지만, 그것은 신기루에 지나지 않았다. 하지만, 인종차별이라는 불의를 제거하는 가장 효과적인 노력은 (수세대에 걸쳐 악의 흔적들은 남겠지만) 그 후에 보상받고, 회복되고, 재건될 것이다. 그럼에도, 마지막 날에 하나님께서 모든 민족들을 산 위의 도시로 부르실 것이고, 그들은 하나님의 율법을 배우고 무기를 문화의 도구로 전환할 것이라는 비전에 의해 그러한 노력은 정당성을 인정받게 된다. 우리의 능력으로 시온에 도착하리라 생각하기 때문에 시온으로 행진하는 것이 아니다. 그저 단지 그곳은 우리가 여전히 나아가야 할 곳이기 때문에 그렇게 하는 것이다. 하나님께서 하늘로부터 우리를 위해 예비해 두신 새 예루살렘을 (이 땅에) 내려 보내실 때, 우리는 그곳을 전혀 생소하게 느끼지 않을 사람들과 공동체가 되길 희망하기 때문에 시온을 향해 행진하는 것이다.

그러한 방식으로 우리의 복종과 하나님의 목적의 성취 사이의 연관성이 존재한다. 우리가 십자가의 방식으로 삶을 발견할 때, 약함으로 강함을, 어리석음으로 지혜를 발견할 때, 우리는 그것연관성을 보게 된다. 자선을 베풂으로써 넉넉함을 발견하고, 집과 전토를 형제 자매들에게 나눠 줌으로써 그것들을 찾을 수 있으며, 목숨을 잃음으로써 얻는 과정에서 우리는 그 연관성을 보게 된다. 이것이 바로 사회적 효율성의 복음주의적 규범이다. 그리스도를 세상의 희망으로 생각하는 궁극적이고도 가장 심오한 이유는 - 민주주의나 정의, 평등이나 자유보다는 - 이런 종류의 희망이 일반적으로 여전히 불완전하고 실망스러운 채로 남아있기 때문이라거나, 그것들을 신뢰하는 사람들을 교만하게 하거나 잔인하게 만들 수도 있다는 식으로 부정적으로 보기 때문이 아니다. 이러한 희망의 근본적인 한계는 권력 추구 속에서, 그리고 여전히 충분히 강력하지 않은 정의를 보장하려는 조급함 속에서 발견된다, 그들은 인간의 가장 큰 필요를 잘못된 곳에서 찾는다.

사도 바울은 이렇게 썼다. "싸움에 쓰는 우리의 무기는, 육체의 무기가 아니라 … 강력한 무기입니다." "세속적인 것이 아니라 하나님의 능력을 가지고 있느니라" RSV 제시된 양자택일 속에 내포되어 있는 모양이 참으로 놀랍다. 우리는 그가 "육신이 아니라 영적인 것" 혹은 "약함이 아니라 강함"을 말하기를 기대한다. 이 속에는 문법적 오류 이상의 기대치 않은 병렬구조가 존재한다. 육체의 힘의 반대어는 실제적인 힘이다. 세속적인 힘은 본질적으로 약하다. 예수 그리스도를 세상의 희망으로 삼는 사람들은 이러한 이유로 말미암아 내일을 위한 효율성이나 새로운 사회 구조를 세우는 데 있어서 일거리나 자유, 식량을 제공하는 데 성공함으로서가 아니라 그들이 믿음의 근거인 주님과 동일시함으로써 당대의 사회적 개입을 평가한다. 이것은 반드시 성공할 수밖에 없다. 효과의 확실성은 이곳으로부터 저곳까지의 연결하는 기계적 모델을 구성하는, 즉 주님의 승리를 위해 "우리의 복종을 간과"한 우리의 능력에서 발견되는 것이 아니라 오히려 고백 그 자체에서 발견된다.

하나님의 섭리 유형을 분별하라

지금까지 우리는 사회 전략의 영역으로서 "역사"에 대해 생각해 보았다. 이제 우리는 이러한 "메시아적" 지향성이 지적 분야로서의 역사, 즉 사건을 이야기하고 의미를 분별해 내는 역사 서술에 대해 특별한 암시를 했는지 여부를 질문할 것이다. 우리는 자유교회의 윤리적 비전이 과거의 사건을 해석하는 새로운 길로 이어진다고 주장한다. 과연 그런 방식으로 이 비전의 적실성을 새롭게 조명할 수 있을까? 현재의 결단은 과거가 우리에게 어떤 식으로 해석되는지를 보여주는 산물이다. 만일 우리가 새로운 미래를 열어젖힌다면, 그것은 과거에 대한 다시 읽기의 연장일 것이다. 전쟁역사가의 이해와 전쟁과 왕조 연대기 편집자의 이해로부터 역사 기록을 되찾아 복원해야 하며, 한 사회의 질병이나 건강을 진단하기 위한 기준에 근거하여 역사 기록을 알려야 한다.

정치학 이론의 준거로 역사를 읽는 방식, 즉 국가를 필수불가결한sine qua non 물리적 강제의 독점으로 정의하는 대신, 우리는 진정한 권력이란 항상 어떤 방식으로 통제되거나 합법화되어야 한다는 합의와 관련되어 있다는 가설을 마음을 열고 그 이야기를 연구할 수 있을까? "평화 교회의 역사 서술"이 존재할 수 있을까? 이러한 질문에 몰두했던 역사학자들이 공포에 질린 반응을 보인 것은 충분히 이해할 수 있다. 특정 관점을 가지고 역사를 독해하는 것은 편향적이고 비과학적이라는 주장이 있었고, 지금도 그런 말을 들을 수 있다. 어떠한 관점도 없이 또는 "객관적으로" 읽어야 한다는 것이다. 다행스럽게도 역사학자들의 "객관성"이란 단어는 오해로부터 벗어나고 있다. (하지만) 관점이 없는 역사 서술이란 존재하지 않는다. 가장 정직한 역사 기록이란 그것이 가치 중립적이라는 주장 때문이 아니라 오히려 편견에 마음을 열어 놓아야 하며, 방법론에 있어서 역사 기록을 왜곡하지 못하도록 점검할 때 이루어진다.

다음의 관찰은 독창적이지 않은 것으로 오로지 논리적 요점을 강조하려는 의도이다. 이러한 분석을 통한 경험적 사건들의 해석이 옳은지의 여부는 내가 단언할 수 없는 문제이다. 현재의 논지가 논리적으로 적합한지는 모든 사건이 잘 선택되었는지 혹은 충분히 검증되었는지에 전적으로 달린 것은 아니다.

이곳에서 이루어지는 제안들은 완전하고도 신중한 정치 이론이나 국가론을 구성하려는 의도는 아니다. 그것들은 단지 그리스도의 승리를 지침으로 삼고자 희망하는 사람에게 신선하고도 신중한 생각들을 자극하기 위해 계산된 예비적인 논지일 따름이다.

칼은 창조성의 원천이 아니다.

주로 관찰의 용이함과 사실의 접근성이라는 분명한 이유로, 수 세기 동안 역사학자들은 이야기의 폭력적 측면에 그들의 기억과 기록들을 집중해 왔다. 사람들의 기억 속에 남아있던 위인들은 통치자들이었다. 달력의 날짜에 박혀 있는 사건들은 전쟁과 왕조의 교체들이다. 심지어 사회 정의에 대한 관심으로 선별한 것도 법률제정이나 세금 징수와 관련된 것들이다. 이것은 우리와 학교에 다니는 자녀들에게, 역사란 기본적으로 통치 가문과의 상호관계로 이루어지며, 그들은 문제를 전장戰場에서 해결한다는 인상을 준다. 그러므로 많은 사람의 마음속에는 거의 자동적으로 만일 그리스도인으로서 훌륭한 사람들이 되려면 정치적 지배의 차원에서 일해야 한다고 생각하게 한다. 이웃에게 쓸모 있는 존재가 되는 전제 조건이자 관심을 표현할 수 있는 일차적인 방법은 정치적으로 강해지는 것이다.

콰메 은크루마Kwame Nkrumah: 가나공화국의 초대 대통령-편집자주의 "너희는 먼저 정치적 왕국을 구하라"는 공식 슬로건을 보자. 많은 사람은 은크루마의 성경 언어 사용에 충격을 받았다. 왜냐하면, 그들은 예수께서 영적인 왕국에 대해서 말씀하고 있다고만 생각했기 때문이다. 그러나 자신의 이웃을 도울 수 있는 탁월한 방법은, 특히 민족주의가 부활하는 시대에 사회에 대한 지배력을 획득하는 것이라고 말한 은크루마에게 대부분의 진지한 그리스도인들은 동의할 것이다.

역사 저술에서, 지난 세기의 학자들은 많은 점에서 왕조의 역사가 중요하지 않다는 사실을 이해하기 시작했다. 때로 아주 다른 생각이 한 사회의 방향성을 결정한다. 칼 마르크스는 반공산주의자들을 포함해서 우리 모두에게 다음과 같은 사실을 가르쳤다. 우리 사회의 역사는 상당 부분 경제 역사로 기록하는 것이 더 바람직하다. 상품이 생산되고 분배되는 방식이 왕좌에 있는 사람들보다 사회적으로 더 중요하다. 막스 베버는 지식적 혹은 신학적 사고가 한 시대의 정신과 정치적 발전에 중요한 공헌을 할 수 있음을 보여주었다. 마찬가지로 지리학자는 큰 사건일수록 여행 노선, 강, 농경지와 광물 자원의 배치에 의해 영향을 받을 수 있음을 설명할 수 있다.

분석에 대한 새로운 관점이 역사 저술에 끼친 해방 효과와 비교 가능한 방식으로 그리스도의 주되심의 확신이 우리의 과거의 흔적을 전체적으로 읽어 내는 것을 가능케 한다는 것을 암시하고 있는 것은 아닐까?

예를 들어, 상류층 사람이 유력하다고 말하는 것은 무조건으로 옳은 말은 아니다. 그러한 사람은 종종 음모와 밀거래로 그 지위를 획득했으며 유지하기 위해 '거래'를 한 죄수인 경우도 있다. 종종 그러한 지위를 얻기 위해 필요한 뒷거래가 동기였는데, 궁핍한 사람들을 위해 추구했던 권력을, 일단 그곳에서 확고하게 자리잡으면 더는 그들을 도우려고 하지 않는다. 대중적인 마르크주의가 그러했듯이, 만일 '이전의 체제'가 용납할 수 없는 것이라면 새로운 강력한 사람이 같은 문제들을 보다 성공적으로 해결할 것이라는 사실은 당연시되지 않는다. 새로운 군주가 전임자보다 반드시 더 인간적이란 보장은 없다. 불의에 대한 외부적 요인이 제거되었다면 국가는 곧 사라질 것이라는 마르크스의 이론은 아직까지 어디에서도 실행된 적이 없다. 정부 기관에 있는 마르크스주의자들이 다른 신념의 통치자들보다 대중의 이익을 위해 보다 효과적으로 통치할 수 있다는 것은 확실치 않다.

반대로 한 사회를 '지배'하는 것보다는 그 사회의 방향성에 공헌할 수 있는 보다 유용한 방법이 있다. 중세 역사를 자세히 살펴보면, 중세 사회를 '기독교화' 하는 데 있어서 일면의 성공은 군주들의 권력보다는 아래로부터 공동체를 재건하려는 수도원 운동의 조용한 사역으로 이루어졌음을 점차 알게 된다. 마찬가지로 근대 문명은 정부의 허가 보다는 사심 없는 자발적 연구자들의 호기심으로 자연세계를 연구하던 지적인 (그리고 종교적인) 비순응주의자nonconformist들이 만든 것이다. 그러므

로 민족국가가 아닌 민중의 관점으로 역사를 읽고 쓰는 방법을 배우자;
군대의 성공으로가 아니라 그들이 가난한 사람들과 외국인들을 대접하
고 땅을 경작하는 지의 여부로 평가하자.

인간다움이란 야만성이 아니다

역사책은 신체적이고 정치적 폭력이야말로 가치관과 인간의 장점에
대한 시금석이라는 인간적인 시각을 설교한다. 그것은 또한 대중적인
시와 문학, 기사 시대의 고전적인 이야기로부터 시작해서 서구 영화에
등장하는 근대의 도덕적 전설들, 스파이 이야기, 「타임」Time지의 표지
기사에 등장하는 성공한 사업가들에 이르기까지 다양하다. 이러한 이야
기들은 한 개인의 이미지 뿐만 아니라 세상의 관점을 인상 깊게 새겨 놓
는다. 그 이야기들은 결코 구원받을 수 없는 "악인들"이 있는 그곳에 우
리가 존재한다고 말한다. 그들과의 갈등 속에서 우리는 그들이 추방되
거나 박멸되는 것이야말로 유일하게 만족스러운 결과라고 생각한다.
"악인"이란 그가 고의적으로 악한 행위를 했거나 또는 악의적인 의도를
표현했다는 것을 알기에 악한 것이 아니다; 그는 개념 정의에 의해, 신
분에 의해, 그가 잘못된 조직이나 잘못된 인종 그룹에 포함되어 있기 때
문에 악한 것이다.

선한 사람들도 존재한다. 선이란 악과 마찬가지로 윤리적인 것에 기
초한 것이 아니다. 선한 사람들도 거짓말을 하고 다른 사람들처럼 살인
도 저지른다. 그러나 그들은 옳은 편에 서 있으며, 그들은 그들이 나타
내는 목적 때문에 선한 것이다. 이것은 그들이 거짓말하고 살인할 권리
가 있을 뿐만 아니라 그들은 종국에는 항상 승리를 거둘 것임을 보장한
다.

우리는 여기에서 도덕이라는 전우주에 대한 그림을 가지고 있다고 가정해 보자. 그것은 (최소한 미국에서) 국제 문제에서 국가의 성격과 국가의 스타일에 분명하게 영향을 미쳤던 것으로, 우리는 지난 몇 년의 역사에서 가장 많이 관찰할 수 있는 내용이다:

a. 모든 갈등은 한쪽은 전적으로 잘못되었으며 생존권을 박탈할 정도로 잘못되었지만, 다른 편은 옳되 자신의 목적을 위해 하는 모든 것은 정당화될 수 있고, 옳다고 주장하는 흑백논리의 도덕적 사안으로 환원된다.

b. 도덕적 사안은 개인적인 시각으로 결정되는 것이 아니라 '파벌'에 근거해서 결정된다; 한 사람은 죄인이며 그가 속한 체제나 인종 집단에 의해 죽어 마땅하다.

c. 나쁜 쪽에 있는 사람들에 관해 말하자면 그들의 선한 행동조차도 기만적인 모습일 뿐이다; 우리 편 사람들은 가장 악한 행동도 용서된다.

d. 착한 사람은 속일 때나 몸싸움에서도 확실히 성공할 수 있다; 그 이야기는 항상 이런 방식으로 전개된다.

이러한 전설은 젊은이들과 기꺼이 배울 준비가 되어 있는 사람들을 위해 근본적으로 거짓된 도덕적 세계라는 자연의 그림을 채색한다. 세계가 선과 악이라는 두 조직, 두 사회로 양분되어 있다는 것은 성서적으로든 역사적 관점으로든 사실이 아니다. 현실을 보거나 또는 더욱 신중하게 논리적 · 성서적 분석을 토대로 본다고 해도 착한 사람이 일반적으로 신체적 · 지적 충돌에서 승리한다는 것은 사실이 아니다. 만일 모든 가능한 수단이 바람직한 목적으로 사용된다고 정당화하는 것은 논리적 혹은 성서적 관점으로 보더라도 사실이 아니다.

이 점에서 예수 그리스도에 대한 현대의 비판적 사고와 신앙은 일치한다. 그것들은 이러한 전설에 의해 거슬러 올라갈 수 있는 갈등과 인간다움이라는 자기 정당화의 비난으로 결합된다. 만일 우리가 그러한 이미지에 감히 도전하고 그것이 붕괴하는 것을 본다면, 사실상 폭력과 기만이 갖는 특별한 형태의 도덕적 약점을 발견하게 될 것이다(우리가 여기에서 관찰할 수 있는 폭력과 기만 사이의 똑같은 관계성은 산상수훈에서도 인상적이었다).

비밀과 기만은 일종의 노예이다. 지난 몇 년간의 미국의 경험은 정부의 비밀 정보원들은 잘못된 정보의 주요 출처였음을 수차례 공식적으로 보여주었다. 예수는 투명성과 겸손이 진실에 대한 테스트라고 말씀하셨다; "예" 할 것은 "예", "아니오" 할 것은 "아니오"라는 말로도 충분하다는 것이다. 사회적 경험은 같은 점을 확인시켜 준다; 거짓말쟁이는 가장 먼저 자기 자신을 기만하는 법이다.

마찬가지로 신체적 또는 정신적 폭력은 도덕적 연약함을 고백하는 것이다. 폭력에 호소하는 사람은 그가 더 나은 주장을 하고 있지 않다고 실토한다. 폭력은 동기와 그것이 전제하는 도덕적 자원뿐만 아니라 부분적 효과 면에서도 취약하다. 폭력은 원수가 들어오는 것은 막을는지는 몰라도 건강한 사회를 만들 수는 없다. 그것은 공격은 해도 방어는 불가능하다; 폭동을 일으킬 수 있지만 세우지는 못한다. 그것은 특정한 폐단은 제거할는지 몰라도 사회를 건강하게 할 수 없다. 만일 폭력으로 세워진 정권이 생존하려면 점진적으로 자유와 질서 있는 법적 절차의 영역을 증대하는 능력을 보여줘야 가능하다. 총칼을 가지고 당신이 할 수 없는 한 가지는, 옛말에도 있듯이, 총칼을 억제하는 일이다.

실생활에서는 일어날 수 없는 미덕, 개인의 용기, 그리고 전투의 승리를 만들어 내는 우리들의 전설 문학은 이교적인, 전前기독교적인 인간다움을 남자다움과 혼동하게 하고, 그것을 지탱해주고 있다.

평화를 원한다면 평화를 준비하라.

칼에 대한 확신 논리는 다음의 고대 격언으로 이어진다. "만일 평화를 원한다면, 전쟁을 준비하라." 이에 해당하는 유일한 종류의 "평화"란 일명 "팍스 로마나"Pax Romana라는 제국적 지배였다. 한 사람의 황제 대신 몇몇 국가들이 세계를 지배한다면 군사력 경쟁 효과로 말미암아 (양측의) 지지자들이 예방될 것이라고 했던 전쟁을 오히려 촉진시켜 왔던 것이 일반적인 사실이다.

"평화"를 자국이나 자신이 속한 계급의 지배 권력과 자기 미화적으로 동일시하는 것의 대안은 동료의 고난에 대한 수동적 무관심도 아니고, 전쟁이 없는 세계를 만들기 위한 유토피아적 기대도 아니다. 그 대안이란 강제력을 동원하면 좋은 결과를 얻을 수 있다는 실용주의적 기대감이 아니라, 사랑과 비폭력적 방식이라는 창조적 건설로 불의한 제도를 무너뜨리고 건강한 제도를 세우려는 것에 기독교적 관심을 집중하는 일이다.

전쟁은 문화를 구원하는 방법이 아니다

북미의 원주민들은 유럽인들에 의해 위협을 받았을 때 군사적으로 맞대응했다. 비록 그들이 그 땅에 적응된 군사적 수단을 알고 있었다는 점에서 약간의 기술적 잇점을 가지고 있었을지라도, 그리고 그들이 프랑스와 영국의 식민지 개척자들 간의 싸움으로 어부지리를 얻을 수 있었지만, 북미의 인디어들은 패배를 면할 수 없었다. 살아남았던 소수의 후손들은 유린당해 왔으며, 그들의 문화는 쇠퇴해 왔으며 사회는 시골의 게토로 함몰되고 말았다.

이와 반대로 일명 라틴 아메리카의 원주민은 전혀 신사답지 않았던 침략자들을 맞이해서 위와 같은 방식으로 맞대응하지 않았다. 이베리아 반도의 침략자들스페인, 포르투갈-편집자주은 간단히 전 대륙을 휩쓸었고, 심지어 고도로 조직화된 사회인 멕시코와 페루로부터도 그다지 저항을 받지 않았기 때문에 한꺼번에 많은 일을 할 수 있었다. 인디언들이 군사적으로 자신을 방어할 수도 준비도 되어 있지 않았던 결과, 그들의 인구와 수많은 문화적 가치는 당대의 중남미 문명의 일부나마 보존할 수 있었다. 가톨릭의 인디언화를 허용했던 유럽 정착민들의 관점에서 보면 애매한 형태의 기독교화였다; 그러나 인디언 처지에서 우리는 전쟁이 문화적 가치를 보존하는 방법인가를 묻는 것이다. 라틴 아메리카에서 이교적인 인디언들의 유산을 흡수함으로써 생긴 가톨릭의 부패는 침략자들과 죽도록 싸우는 대신 들어와서 "상좌에서 뒹굴도록" 허용한 문화적 지혜의 증거이다.

우리 사회에서 형성된 기본적인 가정은 비록 전쟁이 한없이 유감스러운 일이라 할지라도 우리의 문명이 파괴되는 것을 보는 것은 훨씬 더 나쁜 것이라는 사실이다. 따라서 전쟁은 문명을 위해서는 궁극적으로 필연적이며, 오직 전쟁만이 문명을 보존할 수 있다고 주장한다. 그러나 이것은 도덕적 논리에 따른 진술이 아니다; 그것은 정치 역사의 과정에 대한 예측이다. 전쟁이 사회를 보존하는 최고의 방법이란 말이 사실일까? 국가의 주권이 문화적 성장을 고무시키는데 제일 나은 방법이라는 말이 사실이란 말인가?

　로마 제국이 대량 군사적 수단으로 북방의 침입자들을 격퇴할 수 있을 만큼 충분히 막강했던 오랫동안 이 군사적 노력은 점차 비효과적으로 변모했을 뿐만 아니라 로마 제국 내의 생활을 부패하게 하고 피폐화시켰다. 그러나 중앙의 로마 당국은 더는 국경을 방어할 입장이 아니었다. 연이어 고트족과 프랑크족이 북부 지방을 침투해 들어왔고, 나중에는 서유럽 전역을 활보하고 다녔고, 엄청난 영토를 '정복' 했다. 이민족들은 자신들이 정복한 지역을 관리하느라 너무도 바빠서 그들이 이동시킨 인구와 대부분의 사회 문화 제도들에 손을 쓸 수 없었다. 그리하여 '암흑기' 에서 빠져나와 새로운 사회의 출현을 위한 기초를 다질 수 있었다. 그것은 적시에 로마 제국 정부가 약해졌기 때문에 문화적으로 강력한 갈로-로망(부분적으로는 기독교화된) 유산이 근저에서부터 다시 뻗어 나올 수 있었으며, 이 같은 일들은 곳곳의 잔혹한 전투로 인구와 시설들이 파괴되거나 이주해야 했던 장소에서는 있을 수 없는 일이었다.

　세 번째 예로는 위대한 역사가 아놀드 토인비Arnold Toynbee의 『세계와 서구』The World and the West, 5)라는 책에서 제기된 것이다. 터키와 러시아는 서구 유럽의 문화적 군사적 힘에 위협을 받았던 전형적인 국가들로서, 그들은 같은 방법으로 반응하려고 시도하였다. 그들은 가장 명석한 젊은 남자들을 프랑스나 프러시아에 보내 군사학을 배우게 하였고, 군사 시설과 기술에 관한 지식을 되가져오게 시켰다. 이러한 준비는 그들의 방식으로 서구 유럽인들을 물리치게 하여 줄 것으로 생각했다. 그렇지만, 그 젊은이들이 러시아와 터키에 돌아왔을 때, 그들은 사회적 동요를 몰고 왔고, 자기 민족을 정신적으로나 문화적으로 혼란을 일으켰을 뿐이다; 서구의 군인 정신의 도입은 정기적인 혁명을 일으켰고, 자신들의 과거 역사를 부정할 따름이었다. 그것은 결코 충분히 소화할 수 없는 문화적 '이물질' foreign body이었을 뿐이다.

반면 인도는 서구의 용어로 자신의 정체성을 규정하거나 방어하려는 아무런 노력도 기울이지 않았다. 런던에 있는 학교로 떠났던 똑똑한 젊은이들은 군사학이 아닌 법과 철학을 공부했다. 그들은 문화발전이란 측면으로 인도를 이끌었고, 정치적 독립을 위해서는 훨씬 덜 폭력적인 운동을 전개했다. 이 운동은 터키와 러시아가 자국의 정체성을 지키려고 기울였던 노력만큼 효과적이었고 내부적으로 감정적인 큰 동요 없이도 그것을 수행해 냈다. 인도는 여전히 인도적이다.

역사가들은 이러한 예들에 이의를 제기할 수도 있을 것이다. 이러한 예들이 사고의 전형 그 이상이기에 구체적 사건에서 신중하고도 상상력을 동원하기만 하면 진리의 적합성을 분별할 수 있다고 주장하려는 것이 아니다. 다만 십자가에 못박히신 그 분이 하나님의 보좌 우편에 앉아 계시며, 따라서 궁극적으로 폭력은 폐기될 것을 말하려는 것 뿐이다.

사회의 창조성은 소수자의 기능이다.

우리는 항상 훌륭한 일을 하려면 국가의 고위직을 차지해야 하고, 그러려면 권력의 본질을 제대로 이해해야 한다고 가르쳐 왔다. 권력에 있는 사람은 그가 생각하는 것처럼 자유롭지도, 그렇게 막강하지도 않으며, 그 지위를 얻으려고 사귀었던 친구들이나 그가 했던 공약의 포로가 된다. 그러나 더 근본적으로는 이 사회에서 그가 가장 크게 이바지 할 수 있는 자리에 있지도 않다는 사실이다. "시범 사업"pilot project이나 비평가의 창조력은 새로운 아이디어를 일반화시키는 강제력보다도 사회변화를 위해 더더욱 중요하다. 사회의 '최고위직' 사람은 대체로 자리를 유지하고 사회의 균형을 유지하기 위해 틀에 박힌 일에 몰두하기 마련이다. 사회의 지배집단은 판사와 변호사, 교사와 고위 성직자들을 임명하는 사람들로서 그들의 노력은 현 상태를 유지하는 일에 몰두할 뿐이다. 통치자들의 틀에 박힌 분주한 활동은 창조적 소수자에게 예외적 수단leverage 을 제공한다. 왜냐하면, 그것이 두 권력 진영 사이에서 한쪽에 힘을 실어줌으로써 국면을 전환하거나, 때로는 새로운 아이디어를 개척할 수 있기 때문이다. 급속도로 변화하는 모든 사회에서 지도력의 불균형적인 공유는 문화적, 인종적, 종교적 소수자들에 의해 수행된다.

숫자적인 사회적 소수자들이 갖는 문화적 강점은 또한 **정치적** 강점이 될 수도 있다. 그리스도인이나 교회가 다른 사람들을 억압하기 위한 권력을 얻으려고, 그리고 이 권력을 실행하고 유지하기 위해 온갖 노력을 기울이는 것으로부터 해방되는 것이 유일무이한 기독교 선교가 갖는 창조력의 핵심이다. 폭력이 사회에서 발생하는 모든 것을 푸는 열쇠라고 가정하면 폭력 거부는 사회적 퇴거로 비칠 수 있다. 그러나 만일 우리가 폭력이라는 열쇠로 열릴 수 있는 자물쇠의 개수가 매우 제한되어 있음을 인식한다면 그러한 논리는 바뀔 수 있다. 강제적 폭력을 포기하는 것이 참다운 창조적 사회 책임의 선행 조건일뿐만 아니라, 그렇게 했을 때 보다 약화된 자기 파괴적 사회 권력을 행사하기 위한 것이다.

결론적으로 그러한 예들이 의미하는 것과 그렇지 않은 것이 무엇인지를 자세하게 살펴보도록 하자. 일부 평화주의자들이 주장하듯이 비폭력 기술은 유효하며, 어느 사회에서도 지킬만한 가치를 지키는 데 성공적임을 금세 알 수 있다. 비폭력 기술의 (성공) 가능성과 그 효과는 신중한 준거 틀 속에서 토론을 거쳐 보장될 수 있다. 행동의 도덕성은 숫자상으로 사회적 상황을 평가할 수 있다는 생각을 받아들일 때 가능해진다. "효과가 있는 것"은 여전히 옳은 것이다: 폭력은 결코 효과적이지 못하다.

폭력 거부는 더 나은 길을 보장한다거나, 역사적 교훈을 토대로 평화주의의 적실성을 입증하려는 주장은 신중한 형태의 논리와 역사적 분석에 내가 할 수 있는 것보다 훨씬 더 큰 믿음을 두는 것이다. 나는 훨씬 더 정중한 의도를 가지고 다음의 예를 제시하고자 한다:

1. 폭력의 효능은 입증된 적이 없다는 주장을 지지하기 위해: 윤리적 추론의 신중한 준거 틀은 최종적인 것이 아니다.
2. 그 틀 속에서도 군사주의의 유용성이 사회를 구원하기 위한 방식이라고 확고하게 주장할 수 없다는 추론에 몰두하는 사람에게 입증하기 위해.
3. 그렇게 추론하는 사람에게 동의하지 않지만 나는 그의 관심을 조롱하거나 경멸하는 것이 아니라는 진술로서.
4. 위에서 예시된 '정치적' 상황 가운데서 나의 고백적 태도는 결정을 내릴 때 영향을 미칠 수 있다는 나의 주장과는 다른 가치와 확신을 가진 사람에게 증언하려는 방법으로서.

이러한 이유 때문에 교회보다 더 큰 사회 또는 전체 국가나 인종적 문화적 단일체들이 민족 국가의 보호를 받지 않음으로써 그들의 단일성을 최우선적으로 유지할 수 있을지를 질문하는 것은 시간 낭비가 아니다. 그렇다고 이웃인 원수의 생명에 대한 나의 기독교적 헌신을 포기하면서 내가 모든 민족 국가나 어떤 특정 민족 국가를 보호하는데 도덕적으로 헌신하는 것을 의미하지 않는다. 정치적 주권의 실체인 로마 제국이 파괴되어야 로마 문화를 구원할 수 있다는 논증을 선택하는 것이 로마 문화의 보존을 윤리적 결정을 위한 기준으로 선택하는 것과는 다르다.

복음주의적인 비순응주의자 nonconformist

그 후 예수께서 제자들에게 "세상의 임금들은 신하들을 주관하며…너희는 그렇지 아니하다"고 말씀하셨을 때, 이것은 도덕적 순수성을 염려하여 사회로부터 은둔하는 것이 합법적인 것이라고 손짓하는 것이 아니다. 오히려 그의 부르심은 사회에서 적극적인 선교적 참여, 치유와 창조의 원천이 되라는 것이었다. 왜냐하면 그것이 바로 그 분의 고난받는 종의 모습이었기 때문이다.

예수는 선을 위한 폭력 행사는 위선의 한 형태임을 폭로하셨다. 세상의 통치자들은 자신을 '은인'이라고 부를지언정, 그들이 종은 아니다. 폭력, 특히 타인에 대해 합법적 폭력을 행사할 권리가 있다고 주장하는 사람은 예수의 종된 모습의 범위 밖에 자신을 자리매김하는 사람이다. 이것은 그가 구약이나 신약의 율법을 문자적으로 범하는 죄를 짓기 때문이기보다는 그가 (자신의 지위에 대한 내적인 자만심을 가지고) 권리 (직무상 지위, 탁월한 통찰력, 도덕적 특징 등을 토대로)가 있다거나, 한정된 방식으로 다른 사람의 운명을 결정할 권리가 있다고 주장하기 때문이다. '세상에 대한 순응'이라는 주제를 성서 시대의 언어로 진술하자면 인간이 맹목적으로 희생제물을 바쳤던 무가치한 물건에 불과한 '우상'이다. 따라서 폭력 사용은 우상숭배라는 기술은 아주 적절한 표현이다. 만일 내가 다른 사람의 생명을 취한다면, 이웃과 예수님 자신이 아닌 다른 가치에 헌신하고 있다고 말하는 것이며 그 가치를 위해 이웃을 희생시킨다고 말하는 것이다. 그렇게 함으로써 나는 민족, 사회 철학,

정당을 나의 우상으로 삼는다. 그 일을 위해 나 자신뿐만 아니라 그리스도께서 생명을 주신 나의 친구인 인간의 생명을 희생할 준비를 하는 것이다.

복음이 우리에게 요구하는 지성의 비순응주의를 마음 깊이 새길 때 어떤 종류의 행동(고난 받는 종)이 계시의 관점에서 보면 옳은 것이고, 반면 다른 형태를 취하는 것도 실용적 관점에서 옳다는 분석을 받아들일 수 없다. 이것은 궁극적으로 그리스도의 주되심의 부인이며 그리스도를 수도원이나 마음속에 가둬 놓게 된다. 세상에는 이중적 기준이 분명히 존재한다. 그러나 제자도와 상식 사이가 아니다; 그것은 복종과 반항 사이다.

세상에는 계속해서 '전쟁과 전쟁의 소문들' 이 이어질 것이다. 그렇다고 해서 우리 주 그리스도께서 세상으로부터 배제되는 것이 아니다. 그분은 "사람들의 진노를 바꾸어 그분을 찬양케 만드시기" 위해서 세상의 잔인함을 막으신다. 그분을 주님으로 알고 그렇게 고백하는 사람들은 예수께서 통치하셔야만 하는 자기 이익을 추구하다가 타락한 세상을 따르도록 부름받은 것이 아니라, 사랑의 방식으로 자신을 내어 주신 그 분을 따르도록 부름받았다. 바로 그러한 방식으로 장차 열방은 심판을 받게 될 것이다.

계시록의 예언자 요한은 봉인을 떼며 역사의 의미를 밝힐 두루마리를 열 사람이 없다는 소식에 울고 있었을 때 천사로부터 임한 복음은 죽임당하신 어린양이 그것을 열고 밝히시기에 합당하시며, 능히 그러실 수 있다는 내용이었다. 그분께 복과 영예와 영광과 능력이 영원토록 있을지어다. 이것이 역사에 대한 복음의 관점이다.

"우리는 우리를 전파하는 것이 아니라 오직 그리스도 예수의 주되신 것과 또 예수를 위하여 우리가 너희의 종 된 것을 전파함이라." 이것은 인간의 타고난 선함이나 기술조직의 전능함에 대한 어떤 몽상가의 확신이 아닌 이 말씀이 우리의 인내를 가능케 하며, 우리의 좌절도 가능케 하며, 우리의 확신도 가능케 한다.

"박해를 당해도 버림받지 않으며, 거꾸러뜨림을 당해도 망하지 않습니다. 우리는 언제나 예수의 죽임 당하심을 우리 몸에 짊어지고 다닙니다. 그것은 예수의 생명도 또한 우리 몸에 나타나게 하기 위함입니다."고후4:9-10

---

1) "그리스도와 권세", 「예수의 정치학」, 제9장; 참조. IVP 역간.
2) Hanfred Müller, Von der Kirche zur Welt, Leipzig, 1961.
3) 또한 본회퍼의 영향을 받은 Paul van Buren, *The Secular Meaning of the Gospel*, the Macmillan Company, 1963.
4) 더 세련되고 상대주의적 접근은 각 입장이나 동맹이 시의적절했다고 말할지도 모른다. 만일 역사가 일련의 단계를 거쳐 발전할 수 있다고 이해한다면, 각 단계는 시의적절하며, 다음 단계가 예정되어 있을 때 잘못된다면, 교회와 과거 권력 구조의 동일시는 발생했던 시점에서는 잘못된 것이 아니었으며, 다만 너무 오랫동안 지속한 것이 문제였다고 말할 수도 있다. 교회가 그 단계를 넘어서는 것이 가능해질 때 제국주의나 인종주의, 성차별주의를 축복하는 것은 옳은 일이었다. 이것은 모든 옳고 그름의 문제가 시의성의 문제로 번역될 때 남아있던 도덕적 추론을 평가하기 위해 시도하는 장소가 아니다. 확실히 그 언어에도 윤리적 담론이 있을 수 있지만, 어떻게 성서에 따른 증언이 요구하는 것처럼 보이는 방식으로 흐름을 거스르는 진지한 도덕적 의무가 될 수 있는지를 보는 것은 더 어려운 일이 된다. 그것은 만일 그것을 다음 단계의 변호로부터 분리하는 것이 실제로 시의성에 관한 심판이라면, 그것은 (분석에 의해) 이전 단계에서 옳았던 것을 행하는 것이기 때문에, 구체제의 친구들이라고 말하던 도덕적 비난의 열정을 설명하지 못한다. 문제가 되는 상황에서 의견은 더 오래된 단계가 실제로 지나갔는지는 다양할 수 있다.
5) *The World and the West*, Oxford University Press, 1953.

인용 성구 찾아보기

요더의 저서

- The Christian and Capital Punishment (1961)
- Christ and the Powers (translator) by Hendrik Berkhof (1962)
- The Christian Pacifism of Karl Barth (1964)
- The Christian Witness to the State (1964)
- Discipleship as Political Responsibility (1964)
- Reinhold Niebuhr and Christian Pacifism (1968)
- Karl Barth and the Problem of War (1970)
- The Original Revolution: Essays on Christian Pacifism (1971)*
- Nevertheless: The Varieties and Shortcomings of Religious Pacifism (1971)
- The Politics of Jesus (1972)*
- The Legacy of Michael Sattler, editor and translator (1973)
- The Schleitheim Confession, editor and translator (1977)
- Christian Attitudes to War, Peace, and Revolution: A Companion to Bainton (1983)
- What Would You Do? A Serious Answer to a Standard Question (1983)*
- God's Revolution: The Witness of Eberhard Arnold, editor (1984)
- The Priestly Kingdom: Social Ethics as Gospel (1984)
- When War Is Unjust: Being Honest In Just-War Thinking (1984)
- He Came Preaching Peace (1985)
- The Fullness of Christ: Paul's Revolutionary Vision of Universal Ministry (1987)*
- The Death Penalty Debate: Two Opposing Views of Capitol Punishment (1991)
- A Declaration of Peace: In God's People the World's Renewal Has Begun (with Douglas Gwyn, George Hunsinger, and Eugene F. Roop) (1991)
- Body Politics: Five Practices of the Christian Community Before the Watching World (1991) *
- The Royal Priesthood: Essays Ecclesiological and Ecumenical (1994)
- Authentic Transformation: A New Vision of Christ and Culture (with

Glen Stassen and Diane Yeager) (1996)
- For the Nations: Essays Evangelical and Public (1997)
- To Hear the Word (2001)
- Preface to Theology: Christology and Theological Method (2002)
- Karl Barth and the Problem of War, and Other Essays on Barth (2003)
- The Jewish-Christian Schism Revisited (2003)
- Anabaptism and Reformation in Switzerland: An Historical and Theological Analysis of the Dialogues Between Anabaptists and Reformers (2004)
- The War of the Lamb: The Ethics of Nonviolence and Peacemaking (2009)
- Christian Attitudes to War, Peace and Revolution (2009)
- Nonviolence: A Brief History The Warsaw Lectures (2010)

Articles and book chapters
- (1988) The Evangelical Round Table: The Sanctity of Life (Volume 3)
- (1991) Declaration on Peace: In God's People the World's Renewal Has Begun
- (1997) God's Revolution: Justice, Community, and the Coming Kingdom